www.magisterio.com.co

Escobar Cielo, Patricia

    Danzas lúdicas para preescolar: a ritmo de nuestro folclor/ Cielo
Patricia Escobar. —1.ed. — Bogotá: Cooperativa Editorial Magisterio,
1998. 166p. — (Colección Infancia)

    Bibliografía al final de la obra

    1. Educación preescolar en Colombia - Antecedentes  2. Enseñanza de
la danza en preescolar  3. Folclor Colombiano

I. Tít.  II. Serie

CDD  372.66  /

Cielo Patricia Escobar

# Danzas lúdicas para preescolar

## A ritmo de nuestro folclor

# Danzas lúdicas para preescolar
A ritmo de nuestro folclor

Autora
© Cielo Patricia Escobar

Libro ISBN: 978-958-20-0394-4

1998. Primera edición
2002. Segunda edición
2005. Tercera edición
2011. Cuarta edición
2016. Quinta edición
2019. Reimpresión

© Cooperativa Editorial Magisterio
Diagonal 36 Bis (Park Way) No. 20-70
PBX: 338-3605
Bogotá, D.C. Colombia
www.magisterio.com.co

# Contenido

## Cuarta parte

# Presentación

*La educación más eficiente es aquella que proporciona a los niños actividades, auto-expresión y participación social.*

(Froebel)

Esta obra es un manual práctico en el que se explica con lenguaje sencillo y nada técnico, el sentido y la manera de iniciar al niño, a temprana edad en la práctica de la danza, resaltando la importancia de su enseñanza en la etapa preescolar.

A pesar que la danza cobra mayor importancia, ésta en general adolece de una serie de inconvenientes, en los diferentes niveles del sistema educativo, que dificultan el logro de los objetivos propuestos para esta área.

Dichas insuficiencias son más notorias en el nivel de preescolar, ya que la falta del profesor especializado para este nivel, forma parte de la subvaloración de esta área. Otro obstáculo es la poca intensidad horaria para su práctica, en ocasiones es desplazada para reforzar otras áreas del conocimiento, no cuenta con un salón adecuado y carece de los elementos mínimos que se requieren para su ejercicio. Finalmente no presenta un programa que sirva de orientación al docente de preescolar.

La danza no puede ser una actividad desarticulada, sujeta a la carencia de contenidos, procedimientos, métodos, que contradicen el trabajo adecuado para los niños.

Es bien claro que la función de los jardines no es formar bailarines profesionales ni montar espectáculos artísticos; pero es derecho de todo niño recibir formación en tan interesante arte como lo es la danza. Los primeros beneficiados serían los niños quienes son el futuro del país pero viven en el presente.

Bajo esta reflexión la obra ofrece en primer lugar la reseña histórica de la educación preescolar en Colombia y las características generales del niño en esta etapa de su desarrollo.

En segunda instancia, algunos conceptos básicos para la enseñanza de la danza y una reseña de los trajes típicos de nuestro país.

En tercer lugar, aspectos pedagógicos y didácticos acerca de la danza en preescolar.

En la cuarta parte se presenta una muestra de trece danzas de los diferentes rincones de nuestra patria con sus respectivas coreografías y trajes típicos.

# Primera parte

# Características generales
# del niño preescolar

Todo niño en sus primeras etapas de desarrollo, percibe los objetos utilizando los órganos de los sentidos como la vista, el oído, el tacto, el gusto y el olfato. A continuación se presentan algunas características de los niños entre los cuatro y siete años de edad.

## Anatómicas

- Por lo general las niñas presentan un desarrollo físico mayor que el de los niños.

- En esta etapa es fácil observar un aumento en talla y peso.

- Las piernas crecen más rápido que los brazos.

- Los brazos crecen más rápido que el tronco.

- El tronco más rápido que la cabeza.

## Socioafectivas

- El niño comienza a ser autónomo.

- Es notoria la afirmación del yo

---

1.  Clasificación realizada con base en la obra Educación Preescolar. Hugo Cerda Gutiérrez.

- Se muestra agradable y amistoso con los compañeritos.

- Participa activamente en los juegos grupales.

- Adquiere hábitos de higiene.

- Aprende a sentir temor, a causa del temor de los adultos.

- Relaciona la alegría con el juego.

- Le motivan las actividades físicas.

- El niño ve al adulto como un ser omnipotente.

- Inventa historias.

- Habla con un amigo imaginario.

- El niño personifica algunos objetos

- Es fantasioso.

- Aunque todavía necesita ayuda él puede hacer algo por si mismo: se cepilla los dientes, se lava las manos, se viste, se peina, etc.

## Cognoscitivas

- Aparece la etapa del por qué y para qué.

- Le gusta los juegos verbales, individuales y colectivos.

- Se interesa por las actividades manuales.

- Le gusta los juegos que tengan secuencias lógicas.

- Le encanta imitar a los compañeros y familiares.

- Imita roles y situaciones cotidianas.

- Se adapta más a la realidad pero no es capaz de establecer relación lógica.

- El pensamiento del niño es rígido y se halla aferrado a un sentido de la acción.

- En esta edad el niño piensa que las normas no se pueden cambiar.

## Motrices

- Posee mayor equilibrio y control de su cuerpo.

- Hay mayor coordinación de los movimientos.

- Realiza actividades más prolongadas con intervalos de descanso.

- Se sienta con el tronco erguido.

- Realiza giros.

- Se desplaza en diferentes direcciones.

- Tiene mayor manejo del espacio.

- Lanza y recibe objetos.

- Intenta patear con algo de direccionalidad.

- Salta de lugares más altos.

- Sube y baja escaleras alternando pies.

- Salta en un pie, con más equilibrio.

- Maneja su esquema corporal.

- Trabaja diferentes materiales aplicando técnicas variadas.

## Esquema corporal

- Identifica las partes del cuerpo

- Dibuja el cuerpo detalladamente.

- Identifica algunas funciones corporales

- Reconoce en las diferentes actividades, el movimiento del cuerpo.

- Tiene independencia entre brazos y piernas.

- Realiza movimientos globales en diferentes posiciones.

- Elabora un conocimiento de si mismo por medio de sus sentidos y movimientos.

## Espacio y tiempo

- Se orienta y ubica sin problemas en el espacio.

- Puede detenerse cuando se lo propone.

- Distingue lo que está cerca y lo que está lejos.

- Calcula distancias.

- Puede correr a la par de un objeto.

- Distingue los objetos que se mueven o están estáticos.

- Adquiere las nociones de direccionalidad y relación espacial, primero en relación con su cuerpo y luego con los objetos independientemente de la posición que él ocupa frente a los objetos.

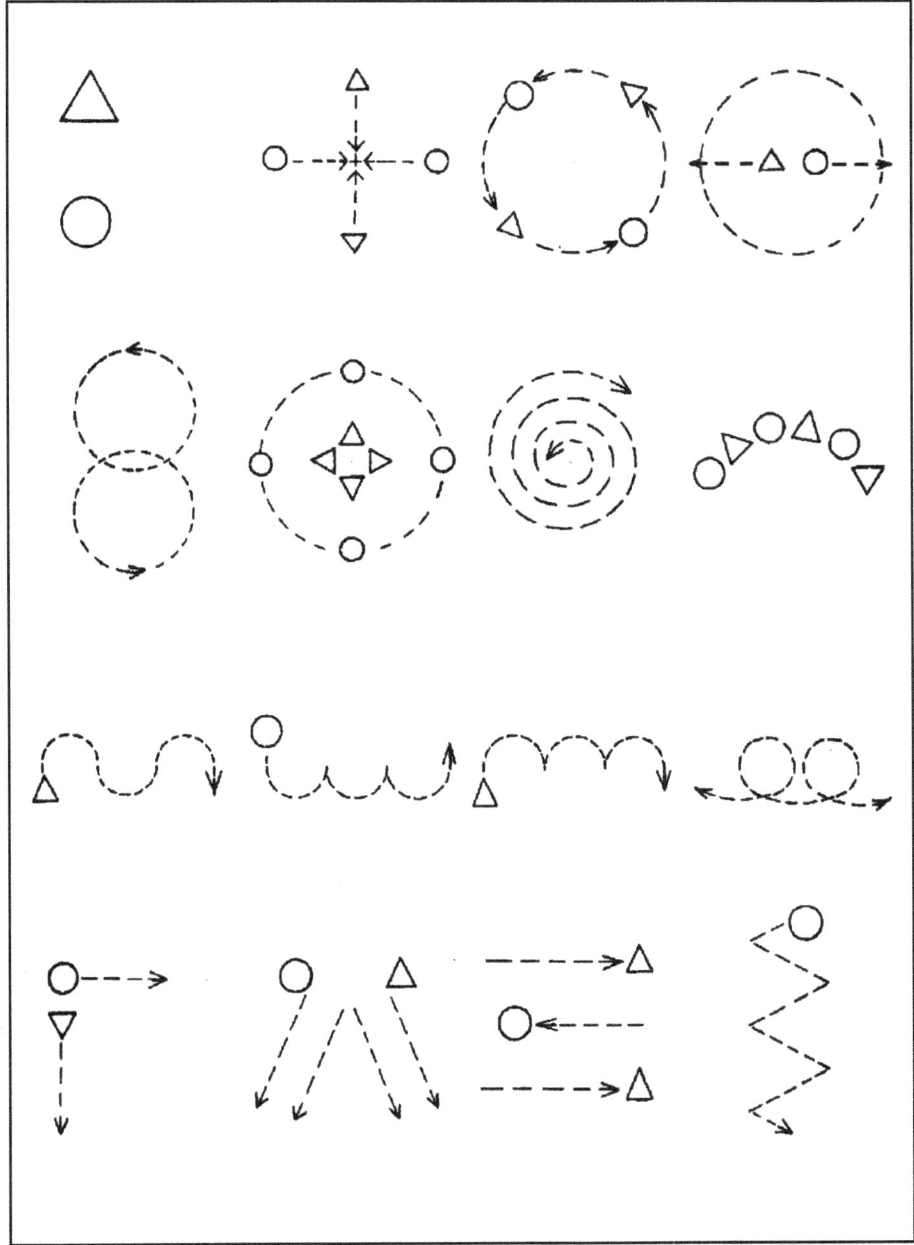

# Segunda parte

# A ritmo de
# nuestro folclor

## Concepto de folclor

La voz *folclore* fue creada por el arqueólogo inglés Jhon Thomms, la formó con las voces inglesas *Folk* (pueblo, gente, raza) y *Lore* (saber ciencia).

*Concepto:* Es la tradición popular típica, empírica y viva de un pueblo.

El folclor, es la ciencia que investiga los valores tradicionales que han penetrado profundamente en el alma popular.

## Concepto de danza

Es la combinación de movimientos armoniosos.

## Concepto de coreografía

La palabra coreografía se deriva del griego *choreia*, baile, y *grapho*, trazar o describir. Entonces coreografía es el arte de estructurar y desarrollar una danza por medio de figuras o dibujos. Es bien importante tener en cuenta la coordinación y enlace de las figuras para poder ejecutarlas al compás y ritmo de la música.

**Sugerencia para la puesta en escena**

1.	Selección de la danza.

2.	El número de parejas o participantes.

3.	El lugar donde se va a presentar la danza.

4.	Música y equipo de sonido.

5.	Figuras que se van a realizar.

6.	Traje típico.

7.	Escenografía.


# El espacio y su relación con la danza

La danza, la expresión corporal y la gimnasia se realizan en el tiempo y en espacio. Uno de los objetivos de la danza es dar buen uso del espacio que nos rodea bien sea en el momento de desplazarnos o cuando permanecemos quietos en el mismo lugar.

A.	*Espacio total:* Es aquél donde realizamos desplazamientos como: círculos, filas, ochos, zigzag, etc

B.	*Espacio parcial:* Es el espacio que nos rodea pero sin desplazamientos como: alto, bajo, adelante, atrás, etc.

El siguiente esquema nos muestra a manera de ejemplo como se puede utilizar el espacio total y parcial especialmente cuando el trabajo se realiza con niños:

## Espacio total
## Figuras

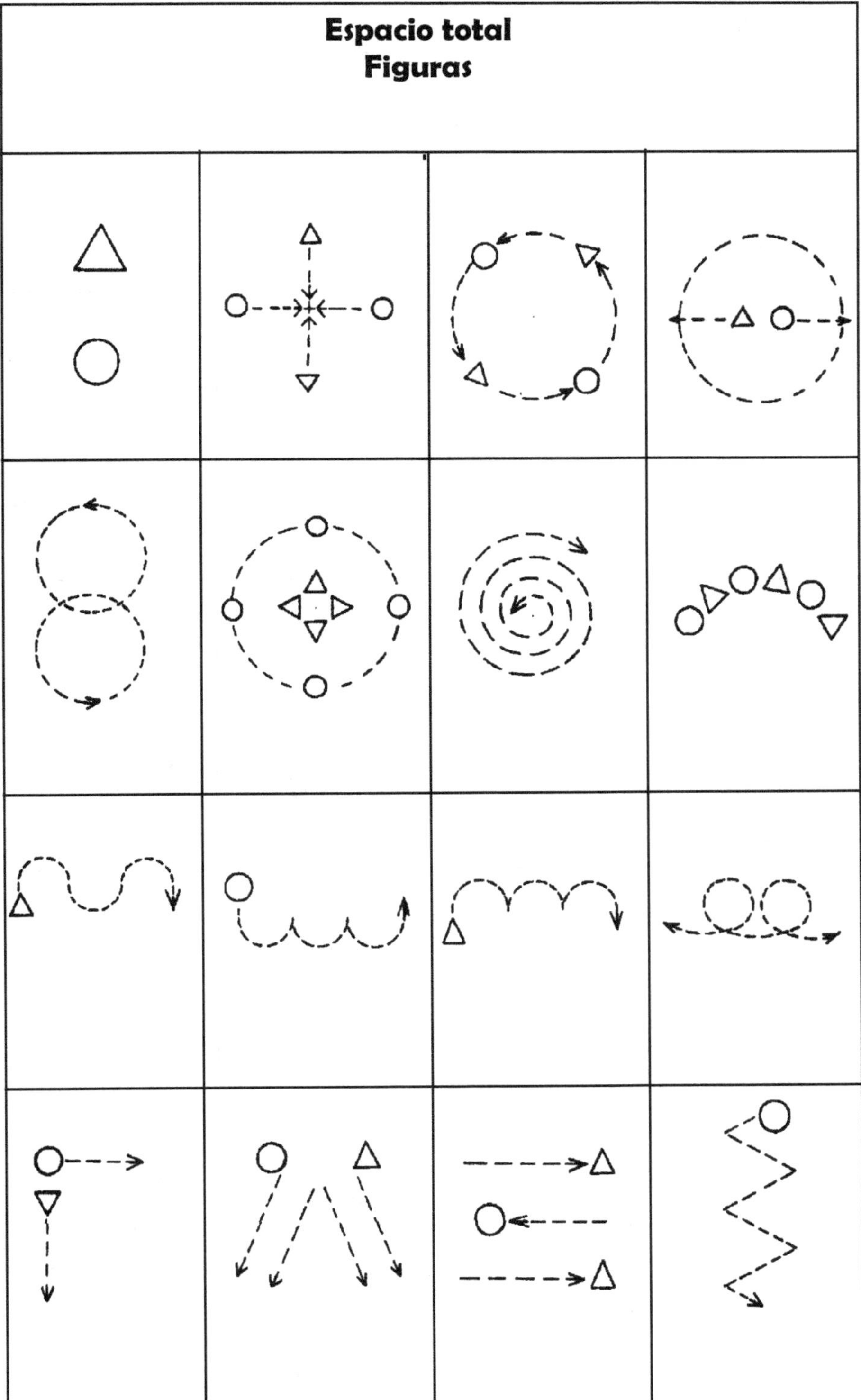

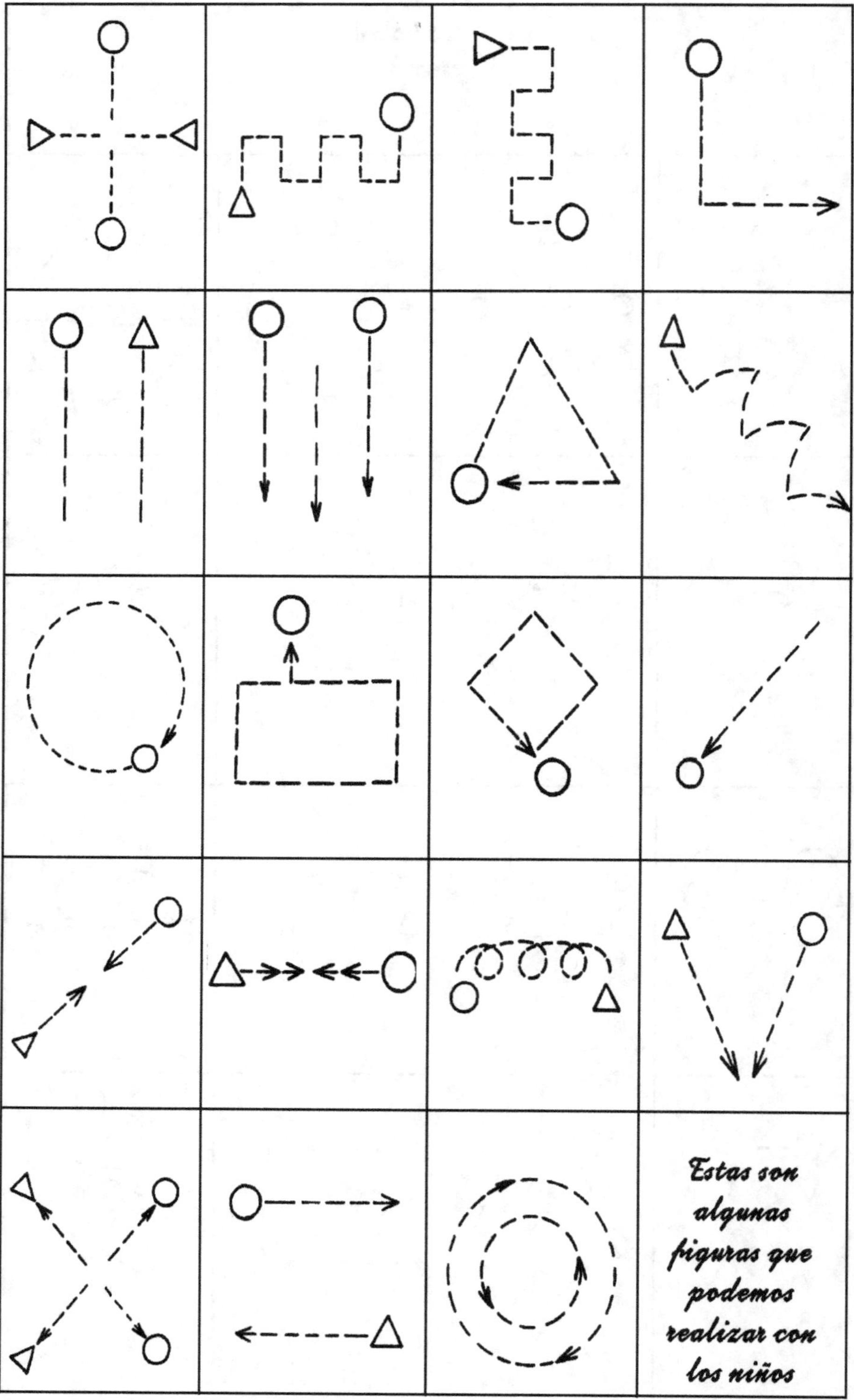
Estas son
algunas
figuras que
podemos
realizar con
los niños

## Espacio parcial
## Figuras

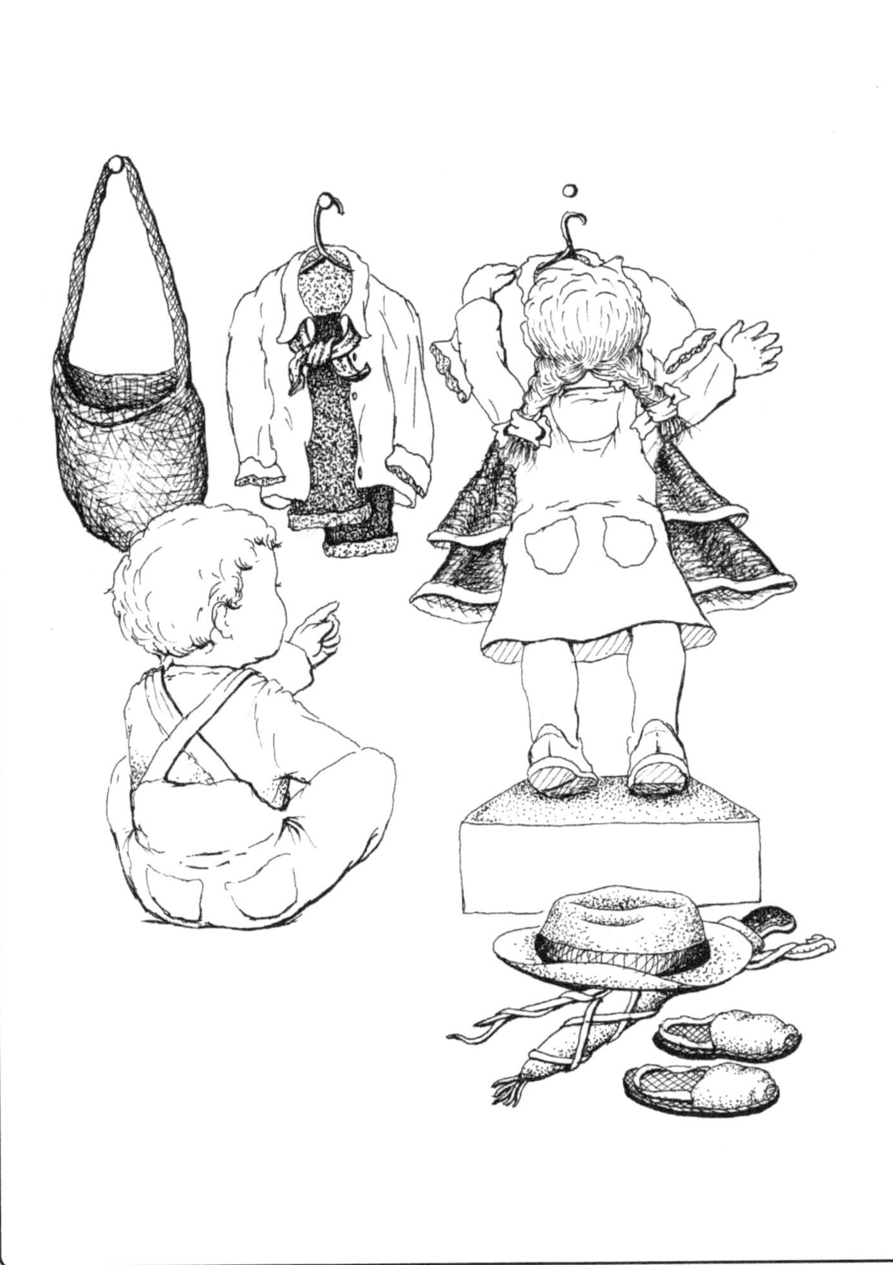

## Reseña de los trajes típicos de Colombia

La danza la música y los trajes son el resultado de un proceso de mestizaje y tiene su razón de ser en el conjunto de razas que tomaron parte en este proceso; por esta razón se habla de la *Trietnia Colombiana* resultante del blanco europeo, el indio precolombino y el negro africano.

Del indio precolombino heredamos muchos accesorios artesanales elaborados en arcilla, oro, madera y plumas.

De los pueblos blancos heredamos la mayoría de la cultura siendo ésta la raza dominante en el aspecto social, político, religioso y cultural.

De los negros africanos heredamos las mantas que usan los guajiros, prenda que en un comienzo era usada por los hombres, más tarde las mujeres la adaptaron como prenda femenina.

Para realizar un estudio de los trajes típicos colombianos hay que tener en cuenta diferentes aspectos como : el clima, los recursos económicos, los distintos oficios y la herencia cultural

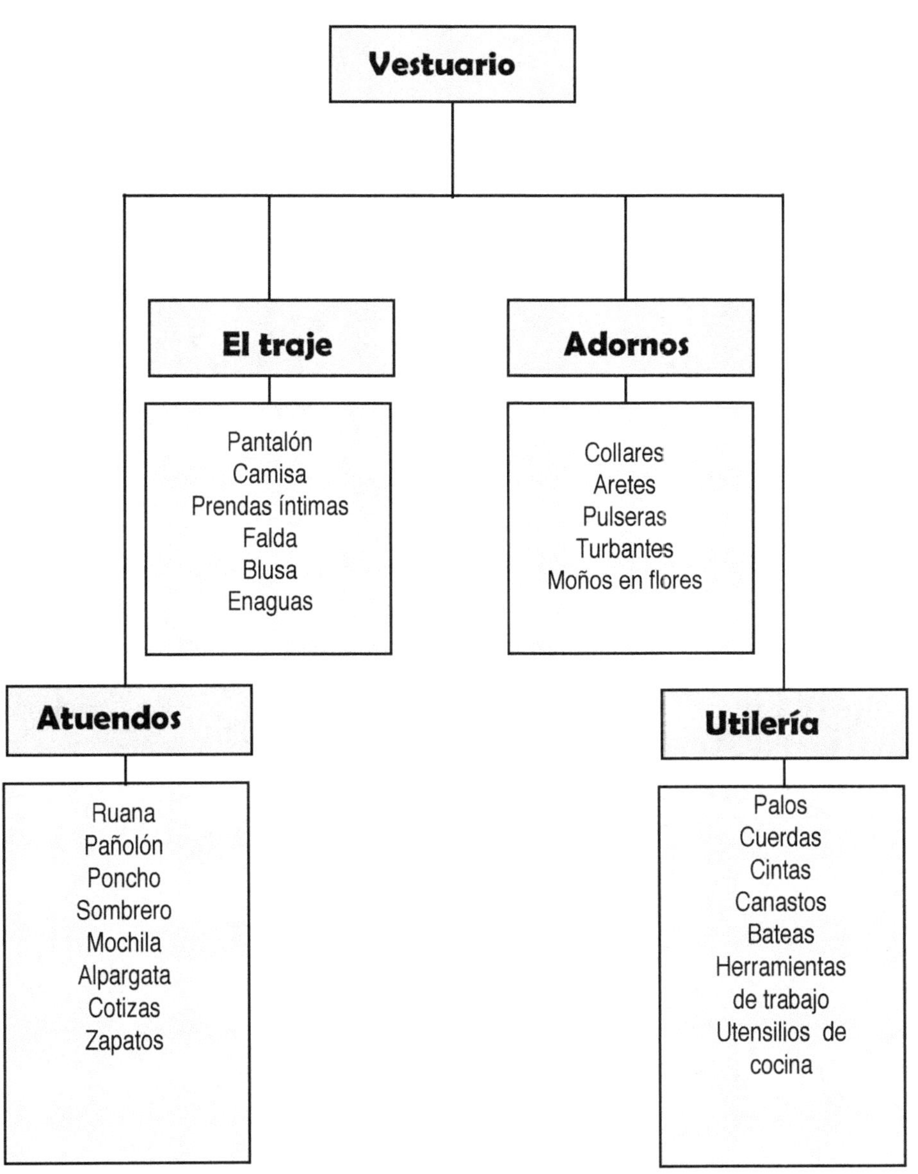
Vestuario
El traje
Pantalón
Camisa
Prendas íntimas
Falda
Blusa
Enaguas
Adornos
Collares
Aretes
Pulseras
Turbantes
Moños en flores
Atuendos
Ruana
Pañolón
Poncho
Sombrero
Mochila
Alpargata
Cotizas
Zapatos
Utilería
Palos
Cuerdas
Cintas
Canastos
Bateas
Herramientas
de trabajo
Utensilios de
cocina

# Tercera parte

# Aspectos pedagógicos y didácticos de la danza en preescolar

## Objetivos generales

- Ofrecer estimulación oportuna que favorezca el desarrollo integral del niño.

- Aprovechar las habilidades motoras adquiridas para asimilar elementos integrales con otras áreas.

- Desarrollar la creatividad para la elaboración de instrumentos musicales, trajes típicos y adecuación de escenografías.

- Fortalecer el carácter, el respeto y compañerismo, por medio de la práctica de las danzas folclóricas nacionales.

- Resaltar y rescatar nuestros valores folclóricos nacionales, así como la necesidad de su conservación, enriquecimiento y divulgación.

- Utilizar el movimiento como medio para la formación de valores.

# Recomendaciones para los docentes

Para motivar al niño y lograr fijar su atención es importante tener en cuenta las siguientes sugerencias.

- La indumentaria del alumno como del maestro deben ser adecuadas, para facilitar la ejecución del movimiento.

- El maestro debe tener gran dosis de paciencia, entusiasmo, dedicación y perseverancia.

- Las sesiones de clase no deben sobrepasar los 30 minutos. Variando siempre las actividades.

- El docente de preescolar debe buscar que el niño se sienta seguro brindándole las herramientas necesarias.

- Es aconsejable que el docente haga un diagnóstico de entrada, evaluando las necesidades de estos pequeños y comenzar a trabajar a partir de ellas.

- En cada actividad, el maestro debe participar activamente con los niños para animarlos y motivarlos.

- Tener cuidado en dar explicaciones cortas, precisas y entendibles.

- Al hacer las correcciones a estos infantes debe emplearse tono de voz adecuado, ya que el niño debe sentir siempre las correcciones como una ayuda y en algunos casos como un estímulo.

- No es conveniente obligar a un niño a bailar si éste no lo desea. Es mejor averiguar las causas o razones.

- La exigencia exagerada de perfección técnica está fuera de lugar en estas edades, produciéndose por su abuso la pérdida de espontaneidad de los niños.

- Cuando el trabajo es de pareja se sugiere el cambio de compañeros para que puedan experimentar nuevas situaciones y también como elemento de integración.

- La clase de danzas debe ser agradable y relajante para que el niño practique espontáneamente fuera de clase.

- Evitar hacer comparaciones de un alumno con otro, pues desestimula el trabajo del niño.

- No es conveniente "disfrazar" a las niñas de niños o viceversa.

- Permitir que el (alumno) niño practique por sí solo, se equivoque o tenga éxito lo cual es inherente a un buen proceso didáctico.

- Promover encuentros artísticos por niveles, para ir inculcando la sana y estimulante competencia.

- La danza es más vistosa cuando se acompaña de la escenografía acorde con el tema, o motivo.

- Si la presentación es fuera de las instalaciones del jardín es importante hacer un ensayo en el sitio de presentación. Ésto además de dar más seguridad a los niños les permite observar el sitio de entrada, salida y ubicación del público.

- Es importante involucrar a todos los niños del nivel, evitando la discriminación, ya que nuestra tarea no es formar bailarines, ni crear espectáculos artísticos.

- Esta asignatura se presta para trabajar, integrar y reforzar otras áreas.

- Cuando hayan niños incapacitados físicamente, no es justo ni conveniente aislarlos, al contrario, nuestra tarea es motivarlos para que participen de la actividad ya sea en la escenografía, en utilería o en la animación, etc.

- Buscar que el alumno encuentre en la danza un lugar acogedor, donde pueda crecer, aprender y desarrollarse integralmente con la ayuda del maestro y de sus compañeros.

- Se sugiere confeccionar el vestuario para el servicio de todos los grupos evitando su elaboración independiente; además de ser costoso es inoficioso y nada práctico

- Si la danza es folclórica debemos utilizar el traje adecuado respetando su autenticidad, es un ejemplo para el pequeño y para el adulto espectador.

- Es necesario emplear términos correctos. No diga, "el disfraz de la cumbia"... diga el traje típico de la cumbia.

- Es indispensable que el niño haga ejercicios de calentamiento bajo unas normas y reglas, dejando de lado la búsqueda para evitar lesiones y traumatismos.

- A través de la danza podemos fomentar valores como : el respeto, la tolerancia y la solidaridad.

- El maestro debe ser cordial y flexible para permitir que sus niños se expresen libremente; borrar las palabras "no puede, no se mueva, no es capaz, esta mal, etc.

- La asistencia a espectáculos de danzas puede ser una experiencia importante para estos infantes, especialmente, cuando los artistas son los niños. Se debe escoger un sitio adecuado y un programa acorde a la edad.

- En preescolar no es conveniente trabajar bailes con un contenido profundo o de difícil comprensión. Por ejemplo las danzas con un contenido romántico es mejor dejarlas para la adolescencia y madurez ya que los gestos, actitudes y figuras no son apropiados para el nivel de desarrollo del niño.

- Antes de iniciar cualquier sesión es importante resaltar la necesidad de expandir el pecho y levantar la cabeza, ésto da una sensación de elegancia, seguridad, ligereza y elevación.

- El profesor tiene que fijar unos objetivos concretos, sin éstos la danza no tendría sentido.

- El maestro debe proporcionar al niño oportunidades para que ellos mismos se den cuenta de las capacidades que tienen.

- Los niños deben ver y oír a su profesor en todo momento, ésto permite una mayor disciplina para el educando.

- Cuando se utiliza música, el equipo de sonido o grabadora debe estar a la mano.

- Es importante que el niño logre una autodisciplina. No es tarea fácil pero podemos intentarlo con nuestra actitud.

- Cuando haya presentación al público las coreografías deben ser cortas, sencillas y bien ensayadas.

- Asegurémonos de llevar bien grabada la música para evitar inconvenientes de última hora.

- El buen maestro debe encontrar el equilibrio entre la tolerancia y la exigencia.

- Recordemos maestros que nuestra misión como docentes es lograr que en la clase de danzas nuestros pequeños alumnos se sientan cómodos, seguros, tranquilos y felices.

- Para terminar esta parte no olvidemos que los niños son el futuro del país pero viven "en el presente".

# Metodología

Antes de comenzar a explicar la metodología, vale la pena detenernos un poco, para reflexionar acerca de la edad propicia para iniciar al niño en la danza colectiva, social y folclórica.

No es conveniente involucrar al niño en la danza colectiva antes de los tres años.

A esta edad el pequeño está totalmente absorbido en si mismo, adquiriendo, bajo la mirada protectora de la madre o maestro, el dominio de su pequeño cuerpo, en la postura correcta, en el caminar, en el correr y en las destrezas manuales, tales como: recoger, levantar, arrojar objetos, rasgar papeles, es decir está metido en su mundo.

Es fácil apreciar el enorme placer que el niño experimenta mientras pone en actividad su pequeño cuerpo.

En sus tres primeros años el niños ya ha pasado por algunas etapas o experiencias : caminar hacia adelante, hacia atrás, en el mismo lugar, dar giros simples con sus brazos extendidos, ya puede subir y bajar escalones, saltar con los pies juntos, saltar en un pie, saltar a una distancia corta desde un sitio no muy alto, etc.

Con la conquista de estas actividades comienza una nueva etapa donde se pueden unir e integrar con otros niños de su misma edad y continuar su autodescubrimiento con la orientación adecuada de su profesora de danzas.

Antes de los tres años se sugiere trabajar con rondas y cantos infantiles; con sus letras se pueden entonar canciones que motiven al niño a utilizar su voz y mover su cuerpo espontáneamente; la palmada y la marcación con los pies desarrollan el sentido rítmico.

No se aconseja enseñar danzas folclóricas de contenidos muy profundos o de difícil comprensión, las danzas de tipo amoroso y romántico no son adecuadas para esta edad ya que son muy rígidas en su estructura y actitudes. No es correcto lucirnos con el trabajo forzado de los niños.

Las coreografías deben ser cortas, con esquemas sencillos y agradables para ellos.

Muchas veces se hace caso omiso de los puntos que se exponen a continuación pero, aunque parezcan obvios, no olvidemos que pueden servir de ayuda y que son ciertamente válidos cuando se pretende iniciar a los niños en la danza.

El profesor debe estar dispuesto a hacer frente a numerosos problemas. No olvidemos que los niños disfrutan explorando y descubriendo movimientos distintos.

## Ubicación del profesor

La ubicación de un profesor enfrentado a una clase es de máxima importancia. No existen reglas fijas acerca de dónde debería situarse, cada maestro lo hará de manera distinta dependiendo de muchos aspectos: como el espacio, el número de alumnos, el carácter de la danza, la coreografía, etc.

Lo más usual es ubicarse frente a los niños y acordarse de invertir los movimientos que se estén realizando; pues de no hacerlo, los pequeños se confundirán con el lado izquierdo y derecho del cuerpo.

Cuando la clase se halle familiarizada con determinados movimientos, el profesor podrá desplazarse a otros sitios para hacer las correcciones pertinentes a cada niño.

Independientemente de la danza o tema que se esté enseñando, los niños deben ver y oír al profesor en todo momento, pues ésto no solo ayuda a conseguir una mayor disciplina sino que también consolidan la sensación de seguridad.

## La música y el sonido

Cuando se utiliza música, el equipo o grabadora debe estar a mano. No hay nada más molesto que tener que correr hasta el otro extremo del salón o escenario para parar o poner en marcha una grabación.

## Uso de la voz

La voz del profesor deber ser clara y expresar siempre ánimo y alegría constantemente, esta parte es fundamental cuando se trabaja con niños.

## Indumentaria

Es importante asistir a la clase de danzas con la indumentaria adecuada, ésto lo podemos lograr mediante nuestra propia actitud; se debe utilizar ropa adecuada que no impida el movimiento, lo ideal sería trabajar con trusa completa, tanto el maestro como los niños; si ésto no es posible entonces con pantaloneta, camiseta y descalzos si el piso es de madera.

## Relaciones interpersonales

La relación entre el maestro y el niño es sumamente importante. El maestro debe mostrarse seguro y firme, pero sobre todo amistoso. El buen sentido del humor es fundamental; pero no hay que olvidar el control o dominio que se debe tener con los niños.

## El número de alumnos

El número de alumnos en un grupo es un factor que hay que analizar detenidamente, el maestro tiene que buscar las estrategias necesarias de acuerdo con las necesidades y edad de los niños. Si los niños son muy pequeños, tendrían más inconvenientes en cuanto a la disciplina que requiere la clase y la dificultad que estos pequeños tienen para trabajar por cuenta propia. Lo ideal sería buscar una buena distribución y ubicación de los niños en el aula, colocando a aquéllos que tienen mayor facilidad en las primeras filas de cada grupo para que puedan colaborar con los demás, en tanto que el maestro pueda desplazarse alrededor de la clase observar a los otros grupos y realizar las correcciones o indicaciones necesarias. A los niños les gusta este tipo de atención, pero el profesor tendrá que asegurarse de repartir su tiempo por igual entre todos los grupos.

## Crítica constructiva

Es importante que los niños cuenten con un objetivo o meta por pequeño que éste parezca; ese es el mejor momento para que observen el trabajo de sus compañeros y para que, al final de una demostración en grupo, realicen críticas constructivas acorde con su edad. Al menos durante un rato, los pequeños podrán disfrutar asumiendo el papel del profesor.

## Puesta en escena

Ésta es la etapa final, donde vamos a observar el trabajo a nivel individual y grupal.

Todo lo anotado anteriormente nos servirá para realizar una clase sólida relajante y agradable.

## Desarrollo de la clase

Ésta no es la única forma de planificar y escribir una clase; cada maestra irá desarrollando su propio método según la creatividad y la necesidad del grupo.

## A.    Etapa de precalentamiento

*Calentamiento:* consiste en una serie de movimientos que van en sentido progresivo hasta llegar a un aumento normal de trabajo físico; el calentamiento estimula y prepara los sistemas musculares nervioso y cardiorespiratorio para el trabajo o actividad física a desarrollar.

Es importante dejar que el niño exprese libremente una serie de movimientos que permitan observar su equilibrio, fuerza, coordinación, lateralidad y ritmo, entre otros. Todo ésto acompañado de una buena motivación por parte del maestro.

Recordemos que cada niño tiene su propio ritmo de trabajo; algunos niños son más rápidos y otros lo son menos. Lo importante es que cada alumno realice su trabajo paulatinamente.

El precalentamiento se puede realizar sin música o con ritmos modernos salsa, merengue, rock and roll, reguee, etc. También con palmadas, tarareos, rondas o cualquier instrumento musical. La opinión de los niños es muy importante.

Otro propósito de la danza es poner al niño en contacto con su propio cuerpo, enriquecer su repertorio de movimientos y su campo expresivo.

El maestro debe conocer perfectamente el funcionamiento del cuerpo humano, es fundamental conocer el potencial de cada articulación y cómo ponerla en acción con inteligencia, creatividad y sensibilidad, sin perder la espontaneidad evitando caer en una serie de movimientos puramente mecánicos. Es aquí donde la imaginación del maestro entra en juego a través de la fantasía de cada alumno. Éste es el verdadero desafío de la enseñanza de la danza en la etapa preescolar.

*Nota:* Ver anexo de canciones y poesías

## Zonas cardinales de la movilización corporal

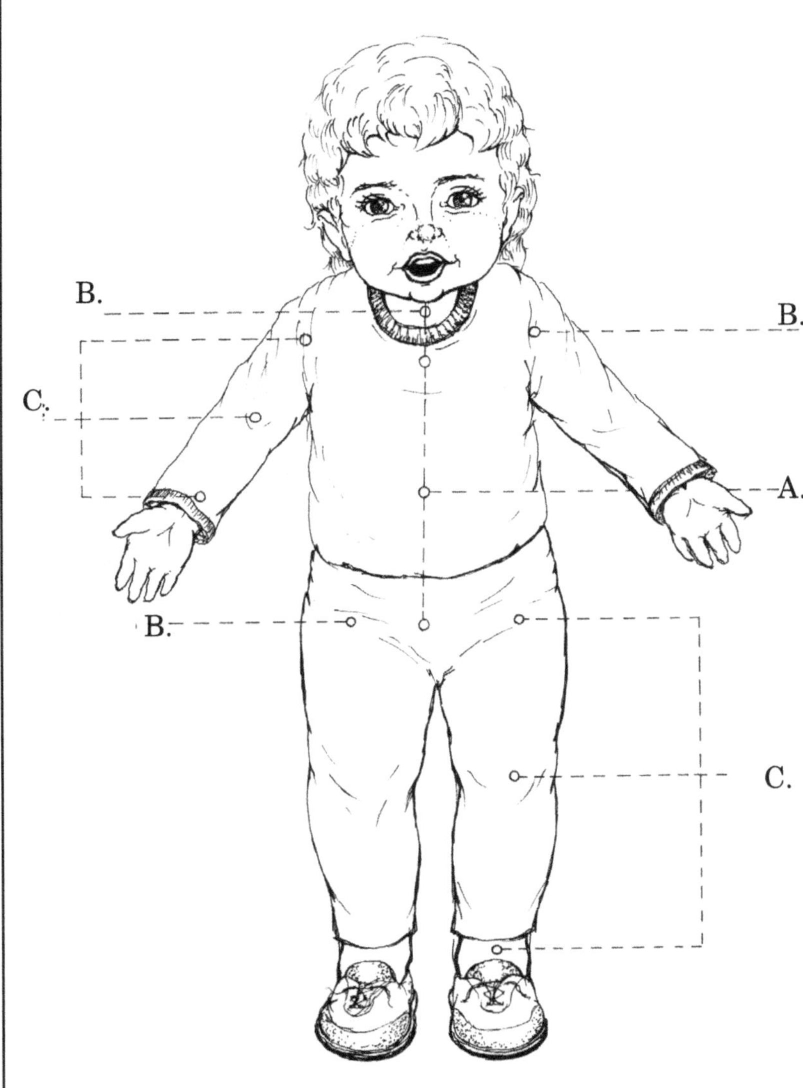


A. Columna vertebral

B. Articulaciones de las extremidades, cabeza y tronco

C. Articulaciones de las extremidades

# Ejercicios para calentamiento

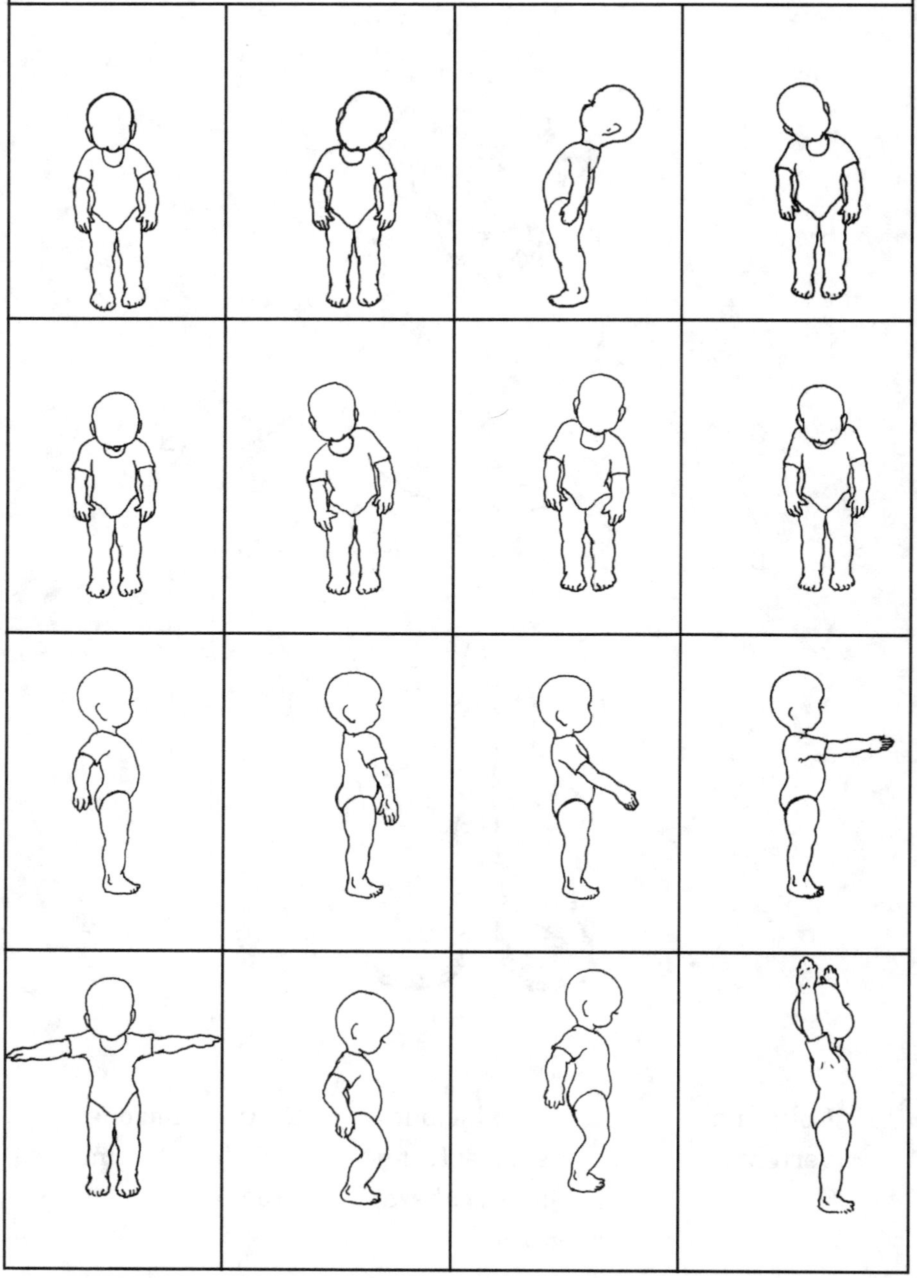

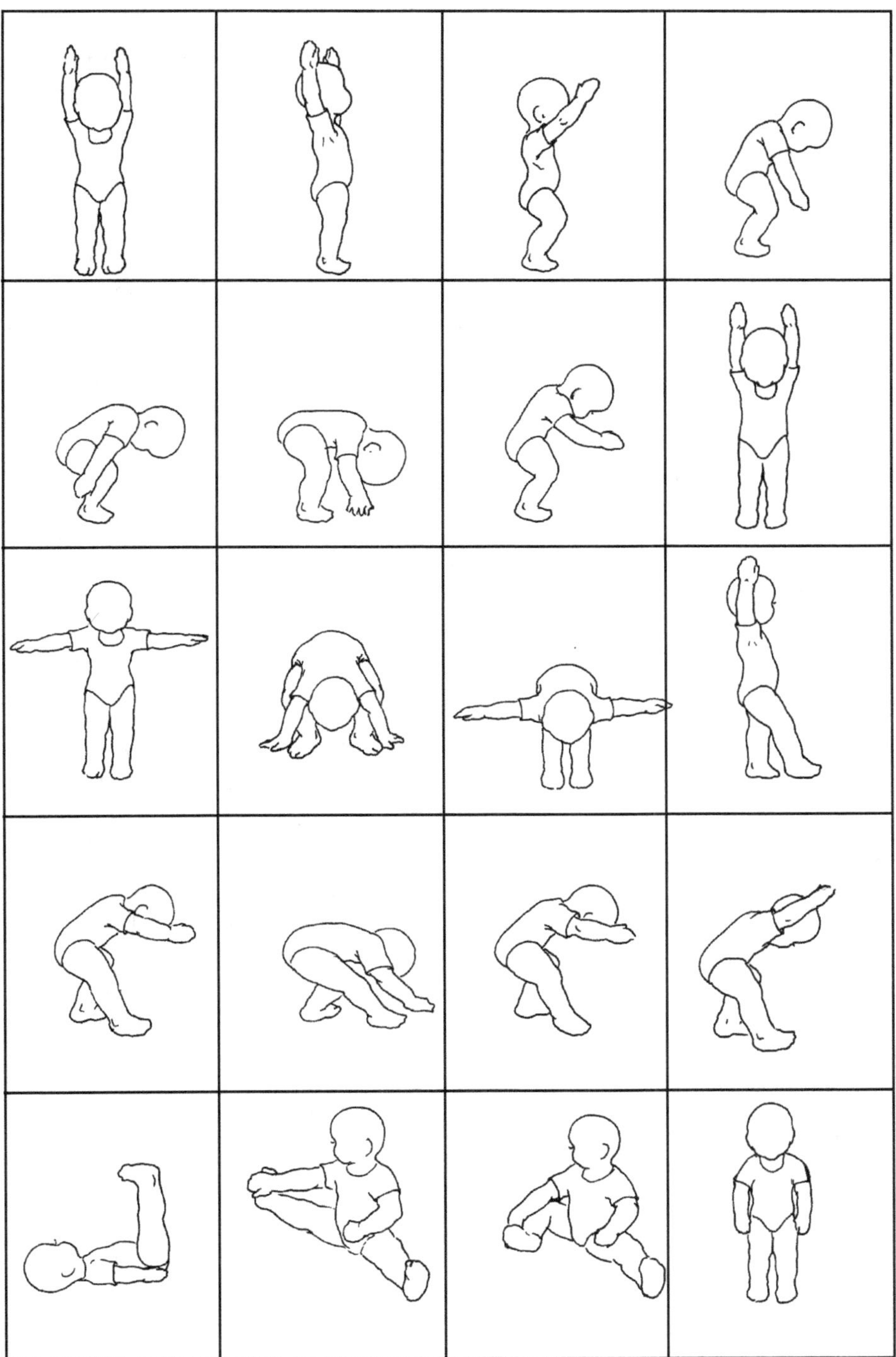

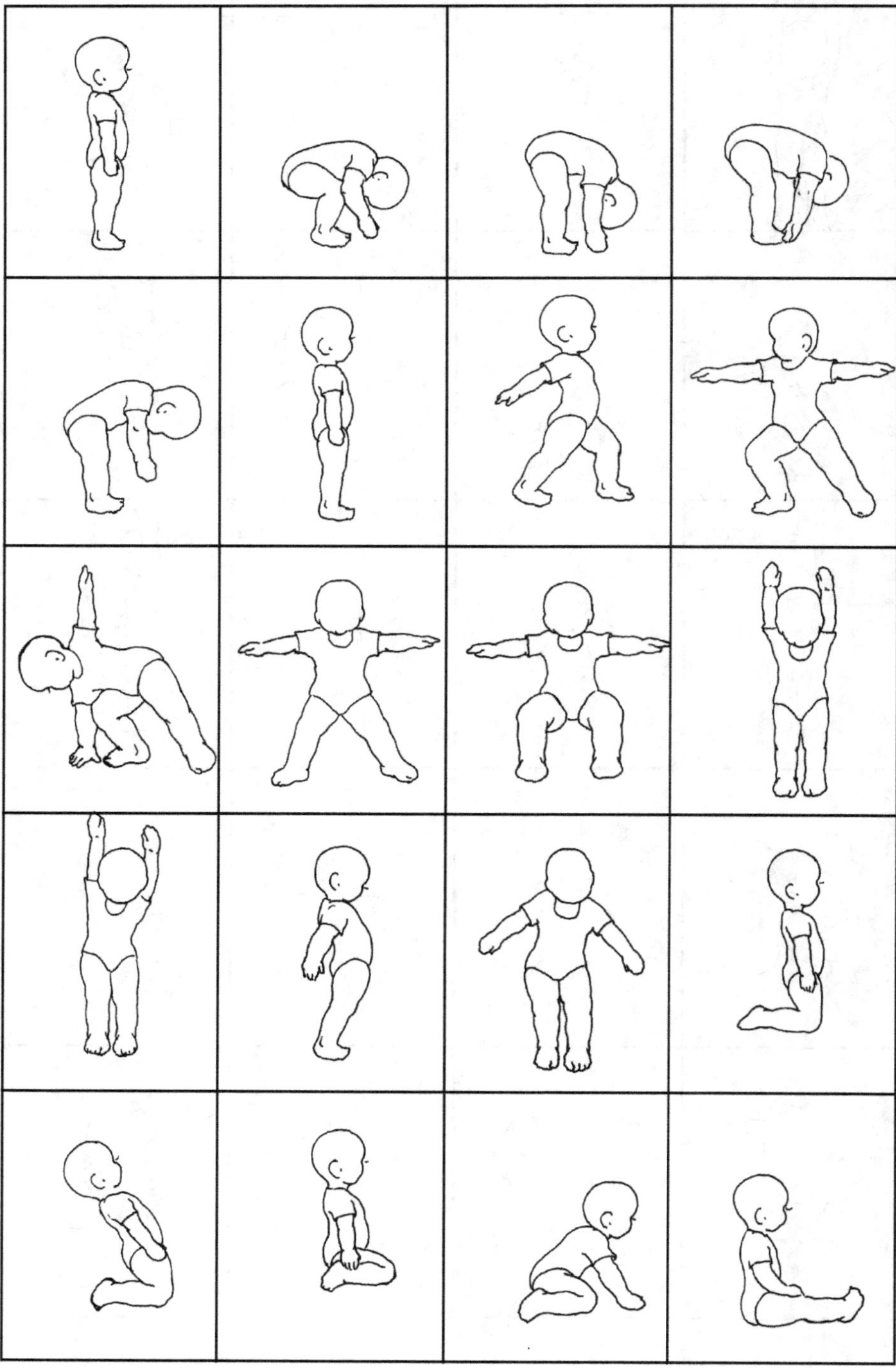

# Ejercicios de relajación

## B. Enseñar a través de la acción

En esta segunda parte se comienza a trabajar el objetivo propuesto para cada clase, es decir el tema, la ronda o la danza escogida previa selección y preparación acorde con su desarrollo físico y psicológico.

1. Se ubican a los niños en el salón de manera que todos puedan ver y oír todo el tiempo a su maestro.

2. A los pequeños se les debe dar una información teórica, acerca de la danza que van a trabajar. Se recomienda hablarles en un lenguaje sencillo y corto para lograr fijar su atención

3. A los niños que se les facilite más la clase ubicarlos en las primeras filas para que sirvan de guía a sus compañeros y la maestra se pueda desplazar por todo el grupo.

4. El paso básico se puede en un comienzo marcar sin música, hasta que la mayoría de los niños lo realicen por su cuenta.

5. Se coloca la música, una vez superado el paso básico se van marcando progresivamente los demás hasta formar todas las figuras

6. Si el curso es numeroso se divide en grupos, evitando de esta manera la indisciplina.

Entre los alumnos de un mismo grado se presentan diferencias en el momento de aprender la danza, es probable que no todos logren al mismo tiempo los objetivos propuestos. Por lo tanto muchas figuras se deben trabajar a nivel individual, una y otra vez, hasta alcanzar los objetivos.

## C.  Integración pedagógica

Teniendo en cuenta que el desarrollo del niño es integral y armónico, la realización de actividades creativas debe proporcionarse a lo largo de todo el proceso educativo.

Con un poco de creatividad y entusiasmo podemos aprovechar la danza para reforzar otras áreas del currículo de preescolar y así lograr una conceptualización integrada. Todos los aspectos del desarrollo y las áreas tienen igual importancia, el propósito es que se logre desarrollo equilibrado del niño.

## ¡Importante!

Las coreografías que se presentan a continuación son tan solo un ejemplo para el docente, que éste puede adaptar o cambiar de acuerdo con las necesidades, recursos y creatividad.

Cada baile contiene varias figuras, el profesor debe escoger las más adecuadas para sus alumnos teniendo en cuenta la edad y el desarrollo del niño.

Recordemos que las coreografías deben ser cortas y sencillas ; en lo posible de cuatro a cinco figuras, ya que sería imposible el montaje de una danza con tantas figuras

La idea no es poner en escena las mismas coreografías. Lo que se pretende con este trabajo es que surjan nuevas ideas y propuestas para que nuestras coreografías no sean algo repetitivo y monótono.

# Cuarta parte

# ¡A danzar!

Hay muchos cantos, rondas, juegos tradicionales y modernos con formas y contenidos familiares a los niños los cuales permiten combinar el movimiento, el canto y la música.

Para una eficaz aplicación de la danza folclórica en la educación preescolar se sugieren las danzas, lúdicas, animalescas, recreativas y la danza juego.

# Danzas
# animalescas

Dentro del repertorio coreográfico colombiano existen muchas danzas con esta temática por ejemplo los monos, los gallinazos, el sapo, los toritos, la vaca, la culebra, los collongos, los micos, las perdices y el caimán, entre otras.

Sus pasos, figuras y desplazamientos son adecuados para los niños de preescolar. Estas danzas son alegres, armónicas y pausadas; además permiten la improvisación y la extroversión libre de los niños.

Las danzas de los niños pueden ser adaptadas al teatro acordes con el desarrollo del niño.

# Las perdices

## Ubicación geográfica y origen

Esta danza pertenece al departamento de *Boyacá*.

## Temática

En Boyacá esta danza la ejecutan los campesinos después de la siega y recogida del trigo.
La idea central es la protección de las perdices para que el gavilán perdicero no se las lleve.

## Integrantes

Niños de cuatro a seis años.

## Música

Se baila con ritmo de torbellino.

## Paso básico

El paso de rutina es uno solo, tanto para las niñas como para los niños, el cual consiste en dar pasos cortos un pie adelante y otro atrás, generalmente se inicia con el pie derecho.

# Traje

El traje típico de la región de Boyacá es adecuado para esta danza.

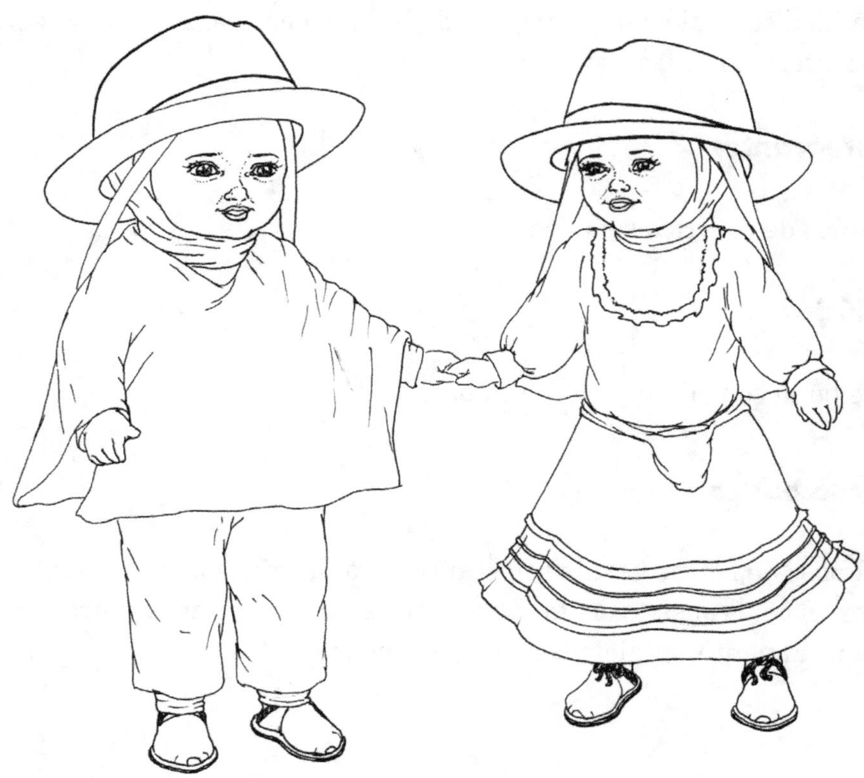

# Coreografía

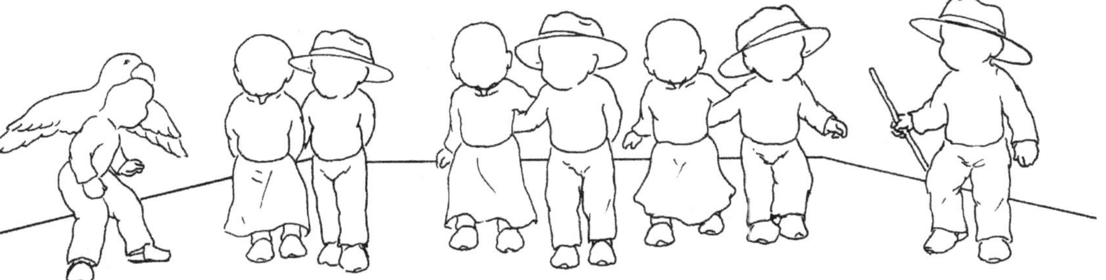

Aparecen en el escenario el grupo de perdices, el cuidandero, en el otro extremo y el gavilán perdicero.

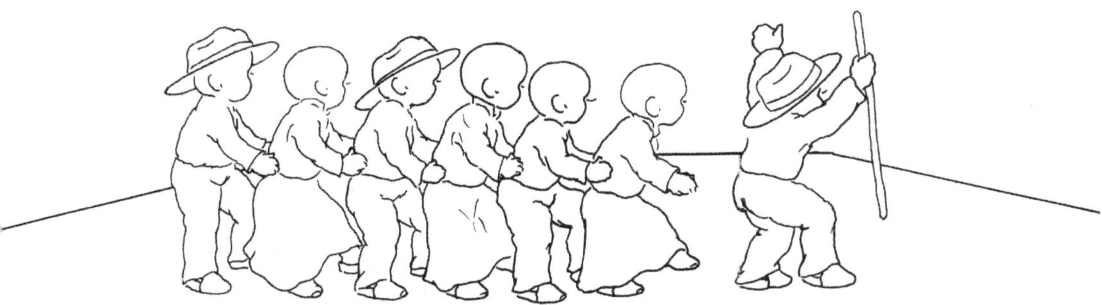

Se organizan en una sola fila, el cuidandero encabeza la fila extendiendo sus brazos a lado y lado, los demás van cogidos de la cintura del que va adelante. Hacen un recorrido por todo el escenario con el paso básico.

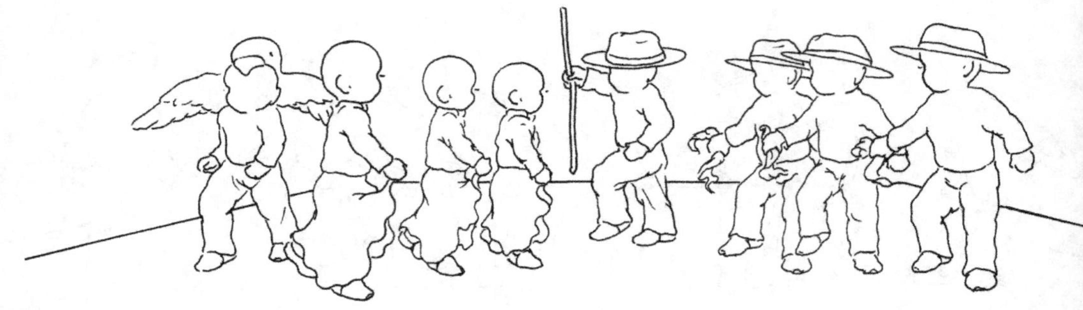

Se organizan en dos filas y van cantando el sonido de las perdices "coro coro guey, coro coro guey". El gavilán perdicero da una vuelta alrededor de las perdices pero no las ataca, porque el cuidandero lo persigue.

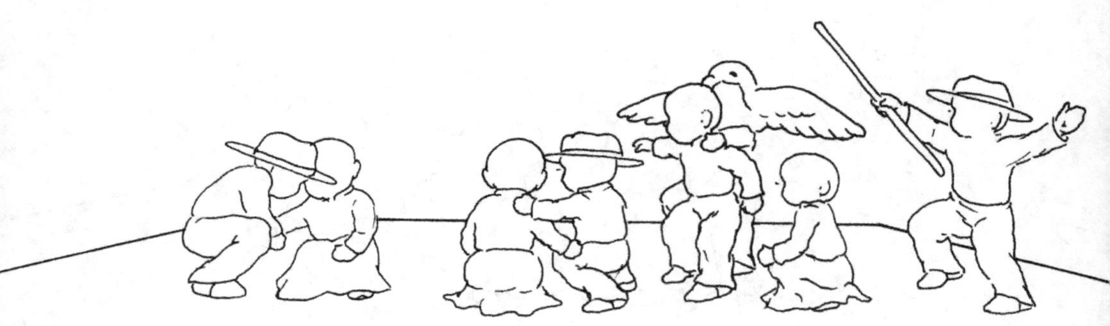

Cuando el gavilán grite "guypo guypo" es señal de ataque éstas se agachan para evitarlo; el gavilán se lleva a una perdiz, las demás palmotean y se levantan para seguir bailando. El cuidandero espanta al gavilán.

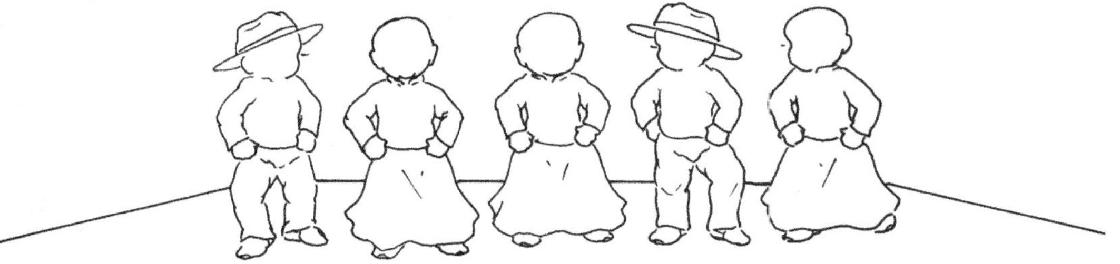

Con las manos en la cintura bailan en el puesto en cuatro tiempos, hasta quedar de nuevo frente al público.

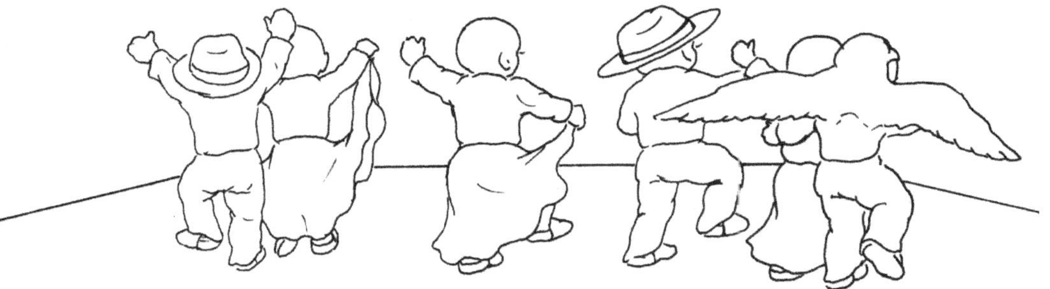

Aparece el gavilán gritando "soy el gavilán perdicero y las perdices me quiero llevar". Todos se desplazan en diferentes direcciones tratando de escapar de las garras del gavilán.

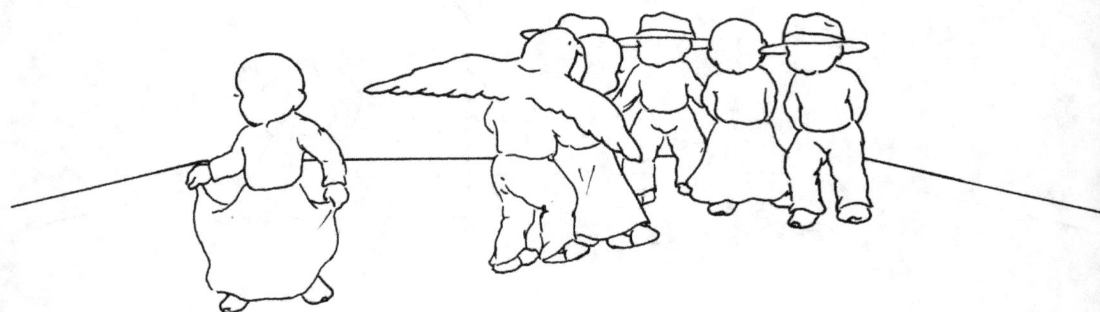

El gavilán se roba a las perdices una por una y las va llevando a la
parte de atrás del escenario.

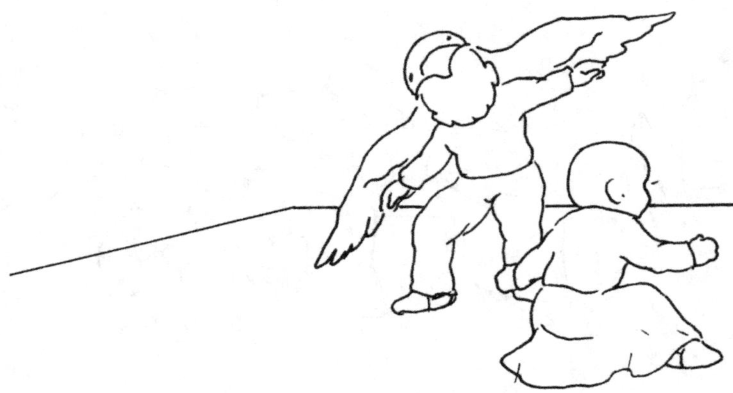

Cuando sólo queda una perdiz se presenta una lucha entre ésta y
el gavilán para no ser atrapada, ésta hace toda clase de piruetas,
se agacha, se esconde, palmotea y corre con ritmo de torbellino por
todo el escenario.

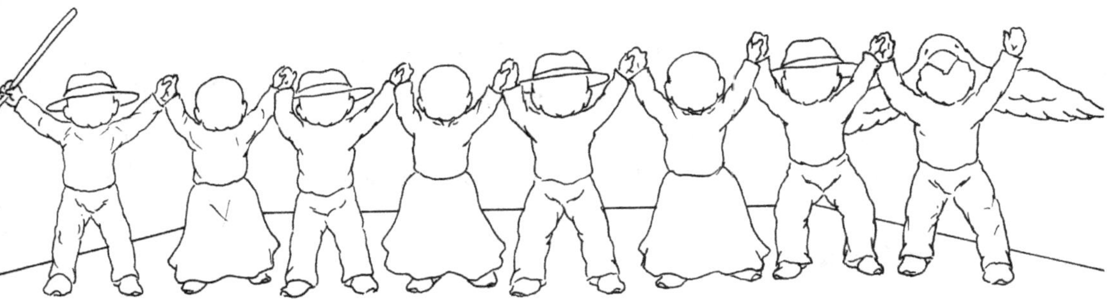

Aparece el cuidandero pero no puede evitar que el gavilán la atrape, se la lleva del escenario. Suena la música y en fila entran todos al escenario se toman de las manos y hacen la venia.

## Integración pedagógica

El tema de las perdices sirve para estimular y desarrollar la creatividad y también para mejorar la expresión corporal. Los movimientos y las actitudes animalescas permiten desarrollar un trabajo muy agradable con los niños. Los personajes que intervienen en esta danza pueden ser de cualquier sexo y pueden tener texto hablado, actuado o cantado, lo cual permite al maestro reforzar cualquier tema de las demás áreas. Con el uso de la palabra dentro de esta danza se puede ayudar a superar la timidez y el temor que tienen algunos niños de hablar en público.

Al enseñar esta danza estamos reforzando temas de sociales, ciencias naturales, religión, educación física, educación artística y educación sexual.

# Los monos

## Ubicación geográfica y origen

Pertenece al departamento del *Tolima*. Algunos folclorólogos relacionan esta danza con costumbres indígenas. Dicen que varias tribus de América tenían para sus ceremonias especiales danzas de animales y les llamaba la atención los movimientos graciosos que realizaban.

## Temática

Las parejas bailan imitando los movimientos de los monos, en la mayoría de los casos corresponden a lo que dicen las coplas.

## Integrantes

Parejas de tres a seis niños.

## Música

El ritmo de los monos es de rajaleña.

## Paso básico

Los bailarines ejecutan diversas figuras que tienen su propio nombre: ronda o círculo, filas, media luna, puente, etc. El paso se hace un poco de lado y se inclina el cuerpo levemente hacia el lado que va el pie.

# Traje

El traje de esta danza corresponde a la región del *Tolima*.

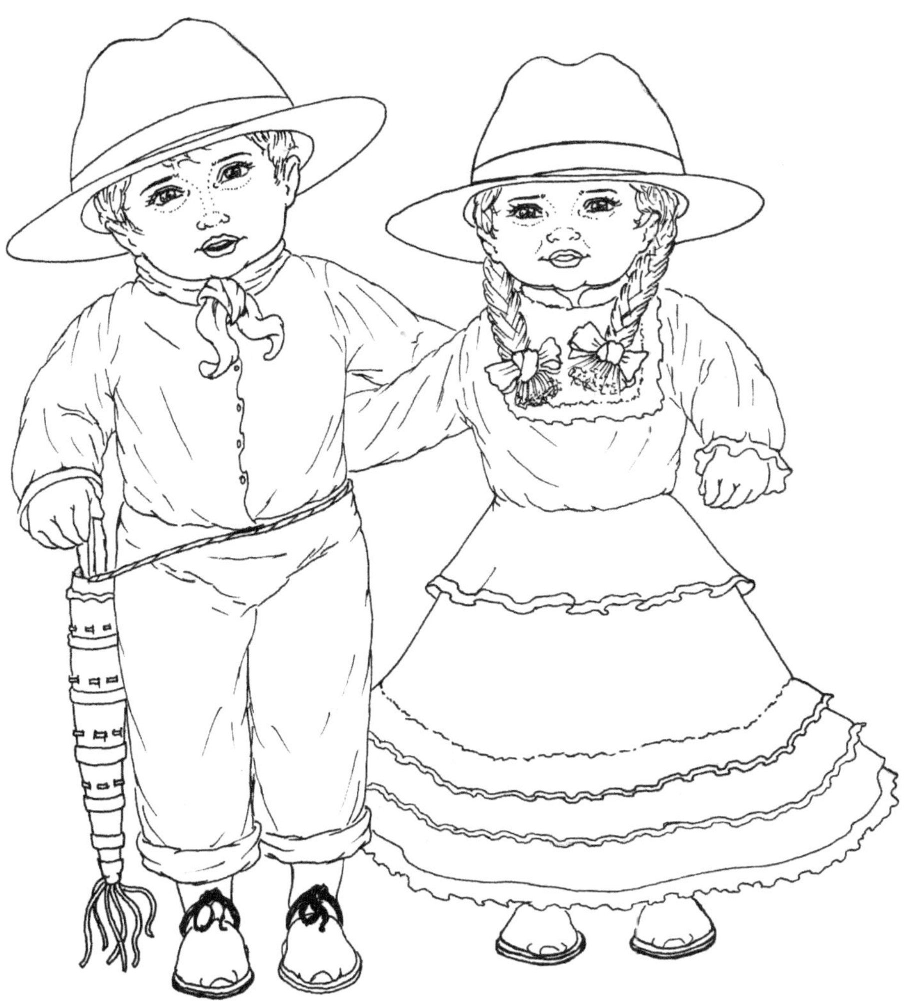

# Coreografía

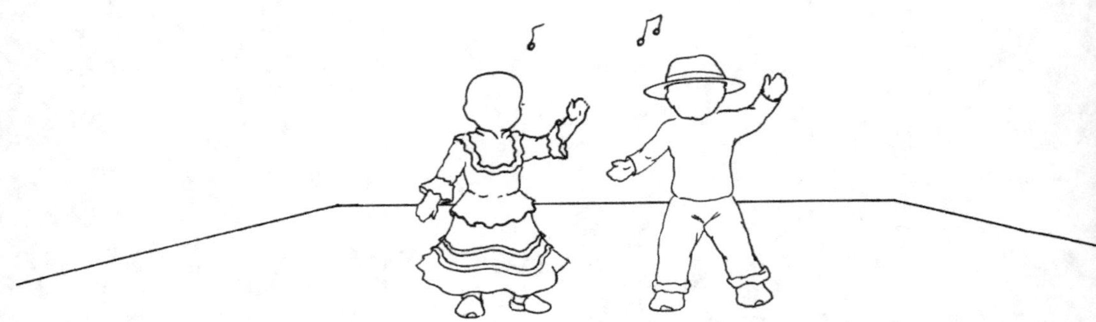

Aparece en el escenario un niño o niña y entona la siguiente copla:
*Por ahí van los monos*
*por la orilla el río*
*el mono más viejo,*
*mi vida, se muere de frío.*

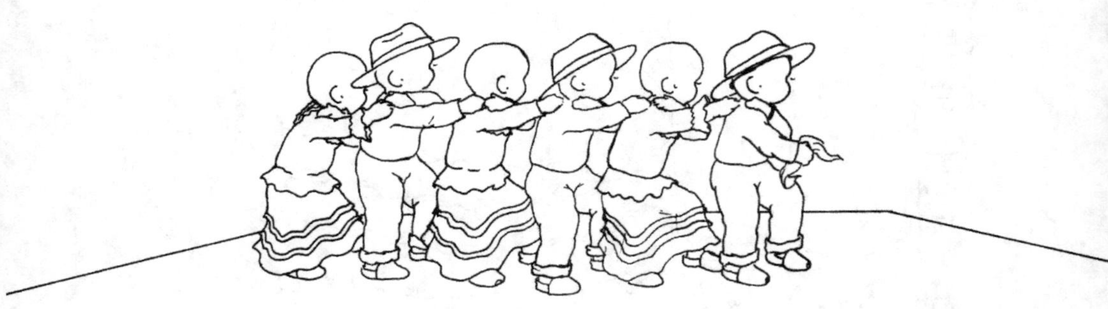

En fila por orden de estatura de alto a bajito, con la mano derecha cogen el hombro del que esta adelante y la mano izquierda encima de su hombro derecho. El primer niño lleva un pañuelo en la mano.

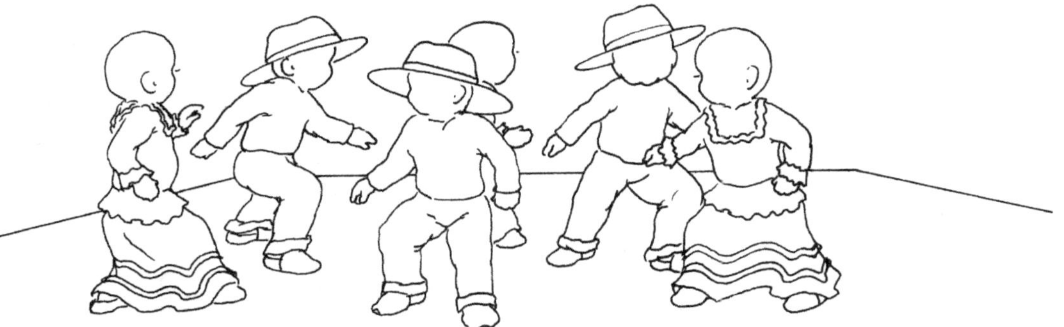

Con el paso de rutina forman un círculo dan una vuelta a la derecha y otra a la izquierda haciendo piruetas, los brazos los van subiendo y bajando al ritmo de la música.

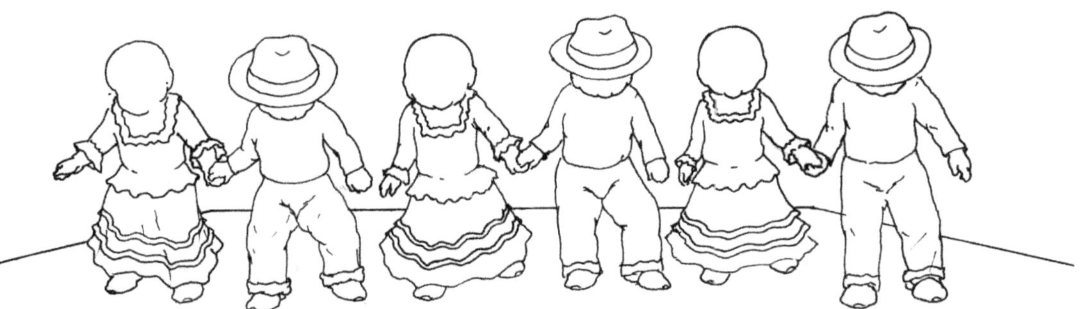

Las parejas van formando una fila sin soltarse de las manos avanzan y retroceden así.

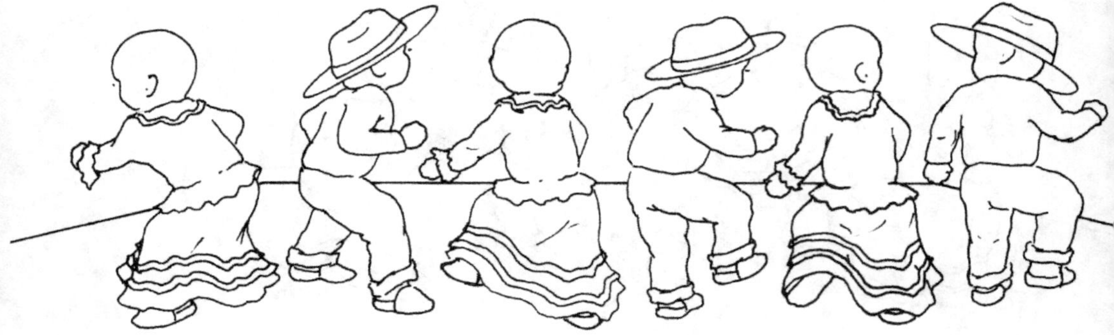

Se sueltan de las manos y cada pareja va saliendo por su lado hasta llegar al puesto inicial, realizando movimientos, piruetas y gesticulaciones de los monos.

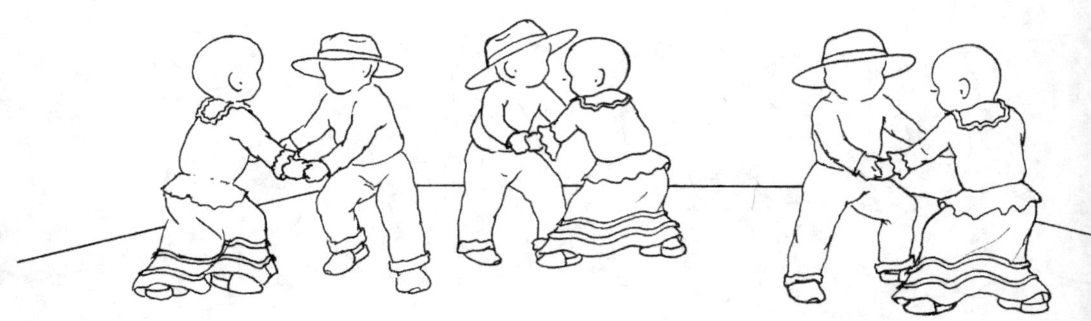

Forman media luna se toman de las manos y avanzan hacia adelante en tres pasos y regresan a su puesto.

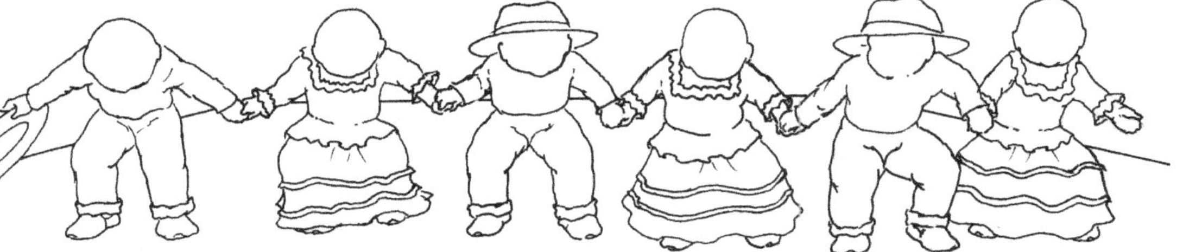

Se toman de las manos entonan otra estrofa y hacen la venia.

*Por ahí van los monos*
*danzando al compás,*
*el mono más viejo,*
*mi vida, se llama Tomás.*

## Integración pedagógica

Las actitudes animalescas y las figuras de este baile se pueden impro-
visar con facilidad, la práctica espontánea contribuye al desarrollo de
la expresión corporal del niño, también desarrolla habilidades para
la actuación. Con esta danza se puede trabajar la integración social,
los elementos de la naturaleza, la creación, también se puede reforzar
temas de pre-matemática, prelecto-escritura, se trabaja también el
espacio y el trabajo colectivo. Esta danza de los monos se presta para
trabajar todos los aspectos con creatividad y entusiasmo.

# La culebra

## Ubicación geográfica y origen

Esta danza pertenece a la región de los Llanos orientales. Nació en San Martín Meta en los años ochenta.

## Temática

Es de carácter teatral creada para el espectáculo. La intención es representar una culebra con sus distintas figuras y pasos. En su recorrido se nota una marcada competencia y rivalidad entre parejas.

## Integrantes

Niños y niñas de 3 a 6 años.

## Música

Esta danza se baila con ritmo de joropo.

## Paso básico

Los niños y las niñas tienen el mismo paso, golpeadito con repique permanente. Los movimientos y los pasos son los mismo de los bailes llaneros.

# Traje

El traje adecuado para esta danza es el de la región del los *llanos orientales*.

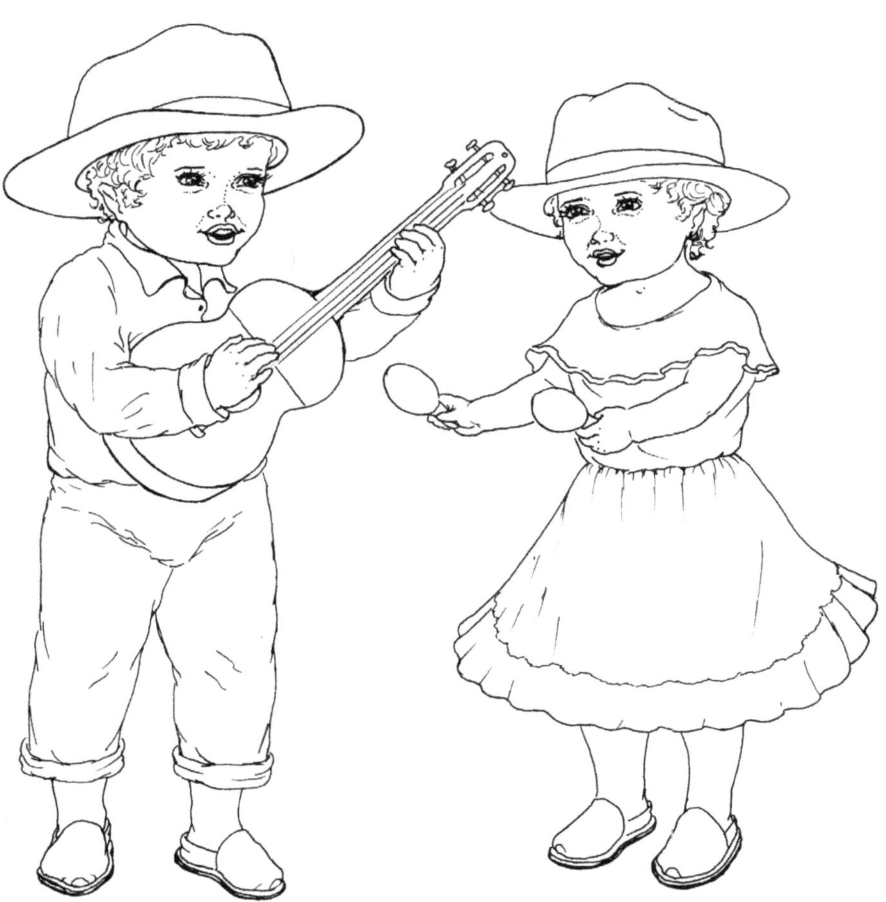

## Coreografía

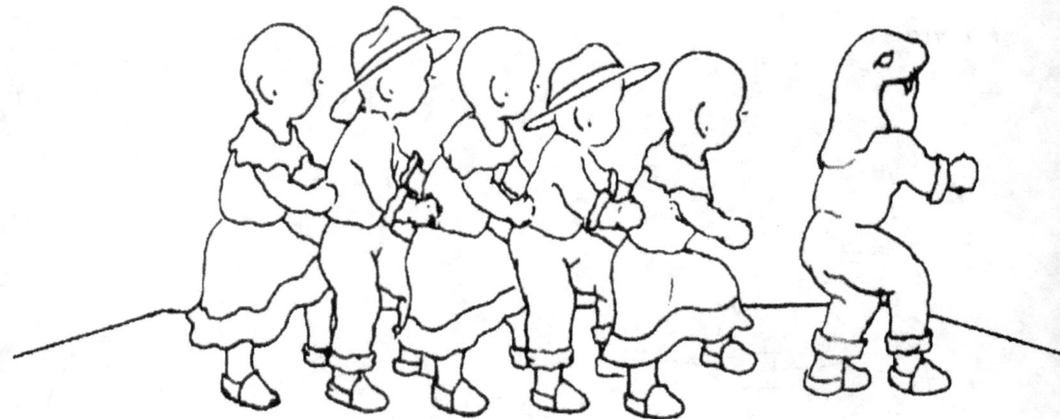

El primero de la fila lleva una cabeza de culebra puesta sobre sus hombros y se desplaza en diferentes direcciones y formas; los demás le siguen cogidos de la cintura.

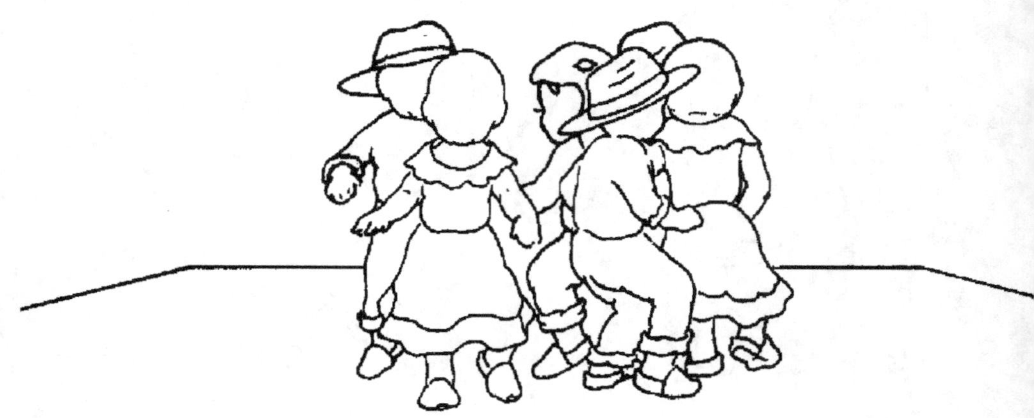

Forman una caracola marcando con el paso básico de zapateo o escobillado.

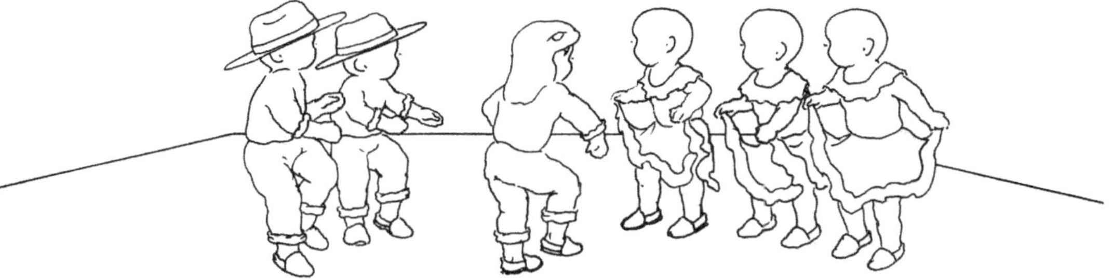

El niño que encabeza la fila se desplaza con paso escobillado por cada uno de sus compañeros.

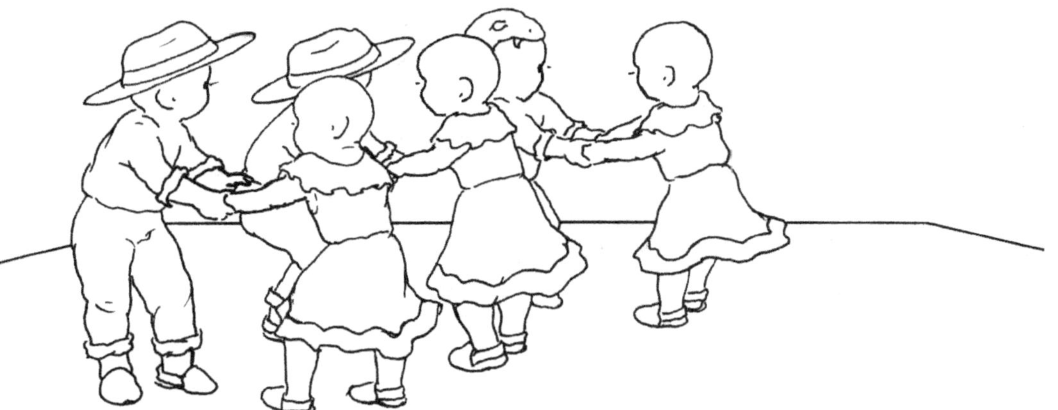

Forman una fila por parejas, se toman de las manos y escobillean formando círculos en el puesto.

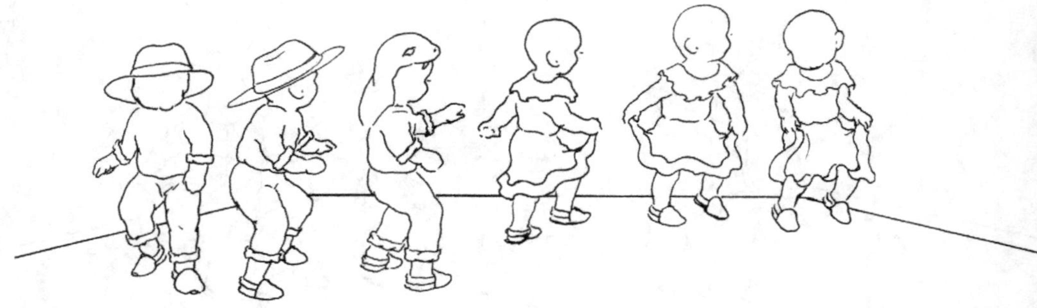

Salen las niñas y los parejos las persiguen por todo el escenario formando una culebra.

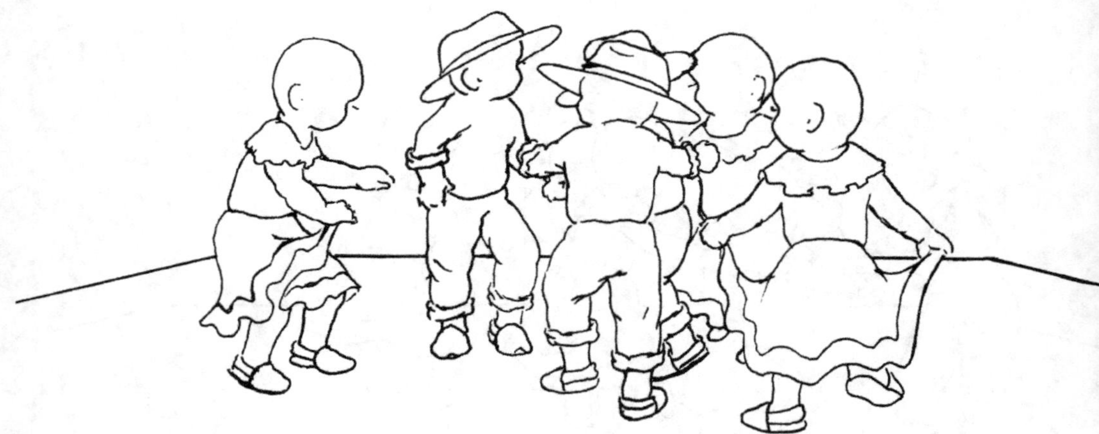

Forman dos círculos en el centro los niños, y afuera las niñas. Los de adentro realizan zapateos llamativos y las niñas responden con escobillados rápidos.

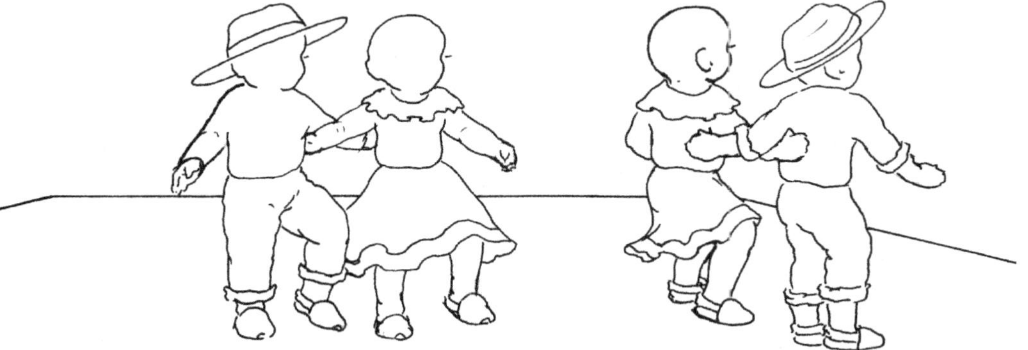

Deshacen los círculos, forman una sola fila y se desplazan en línea curva por el escenario hasta terminar y salir.

## Integración pedagógica

La danza de la culebra puede ser muy útil para practicar las danzas de la región llanera. Los giros rápidos y consecutivos permiten desarrollar la estabilidad y el equilibrio, también sirve esta danza para reforzar temas de otras áreas como: la naturaleza, las figuras, geométricas, las artes escénicas, las actividades artísticas, y para estrechar las relaciones entre los participantes. El cuidado y la conservación del medio ambiente es un aspecto fundamental para trabajar con esta danza.

La parte recreativa y la sana competencia son sin duda esenciales para trabajar en las sesiones de danzas.

# Los gallinazos

## Ubicación geográfica y origen

Es muy poco lo que se conoce acerca del origen de esta danza; pero algunos folcrólogos coinciden en afirmar que pertenece al folclor antioqueño. Esta danza recibe varios nombres de acuerdo a la región. La llaman la danza del chulo, de los chicoras, goleros, etc.

## Temática

El tema principal es la supervivencia de los gallinazos. Los participantes bailan y se desplazan alrededor de una presa.

## Integrantes

Pueden participar solo niñas o niños o parejas de cuatro a seis años de edad.

## Música

El ritmo es el gallinazo los músicos entonan coplas que hacen alusión a este animal.

## Paso básico

El paso básico es un caminado corto, donde se levantan los talones y se flexionan las rodillas. Los brazos se estiran a los lados, sacudiendo el tronco e inclinando la cabeza adelante, como si fuera a volar. Es decir mantener una actitud imitativa del comportamiento de un gallinazo. Las figuras más comunes son de salto, vuelo, acecho, picoteo, espera, de enfrentamiento y de huida.

# Traje

Para esta danza se utiliza el traje típico de *Antioquia*.

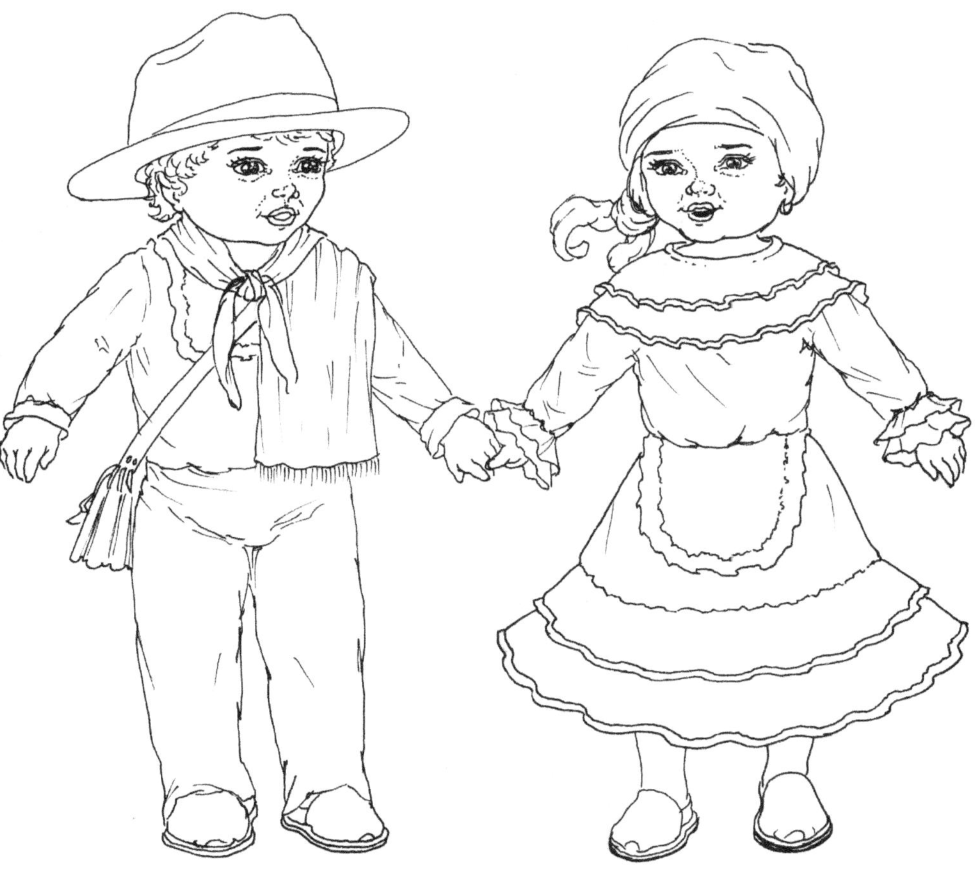

# Coreografía

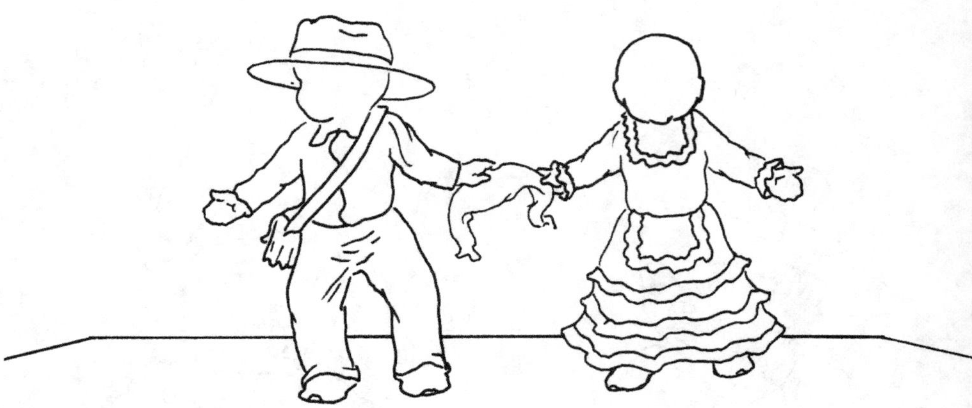

Aparecen en el escenario una pareja de niños entonando la siguiente copla.

Niño:

> *Gallinacito vení,*
> *vení por el tasajo*
> *que tengo aquí.*

Niña:

> *Gallinacito vení,*
> *comé pata con tripa*
> *que te compré.*

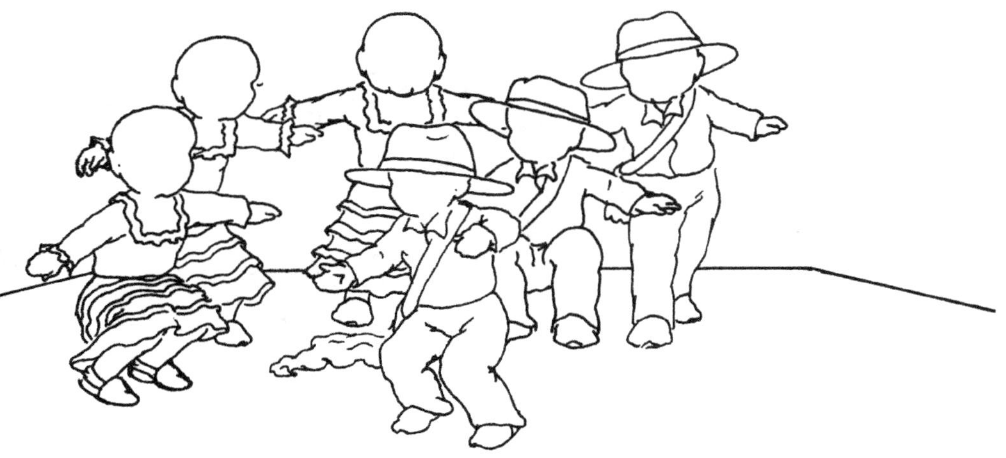

En el centro del escenario se coloca una pañoleta la cual simboliza
la mortecina que van a disputarse los gallinazos. Primero entra un
gallinazo y vuela en sentido circular alrededor de la presa, luego
entran dos y así hasta formar un gran círculo alrededor de ella.

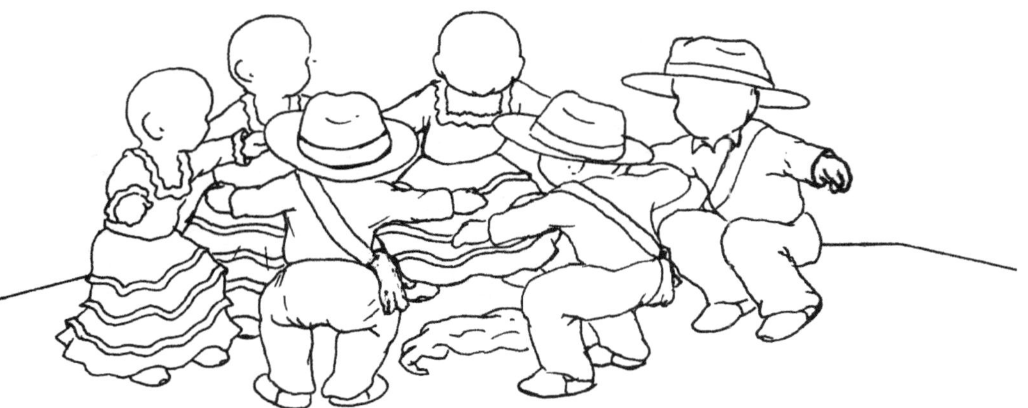

Extienden los brazos y saltan en los dos pies flexionando el cuerpo
hacia adelante.

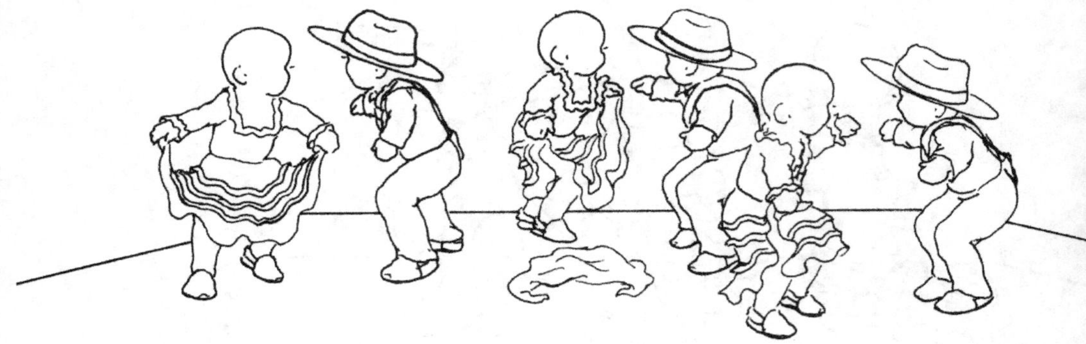

Con saltos pequeños en desorden enfrentándose unos con otros, extienden sus brazos como si fueran a volar caen al piso suavemente.

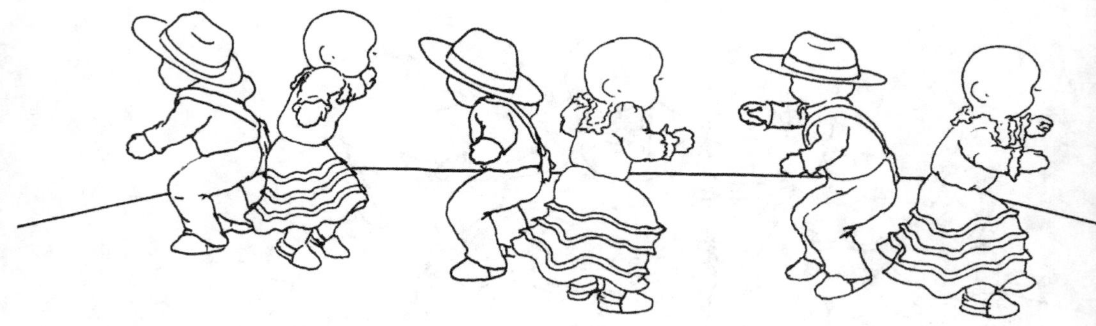

Flexionan las rodillas extienden los brazos y bailan en el puesto con las piernas separadas.

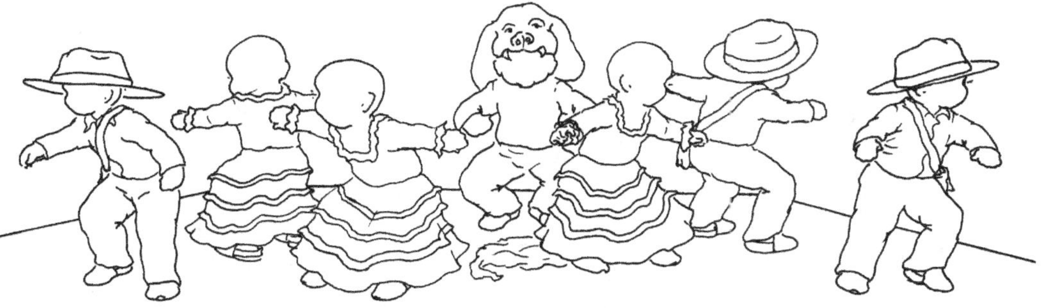

Sorpresivamente aparece el niño disfrazado de perro, este corre, ladra y hace la pantomima de abalanzarse sobre los gallinazos. Éstos levantan vuelo y se retiran un poco saltando en los pies.

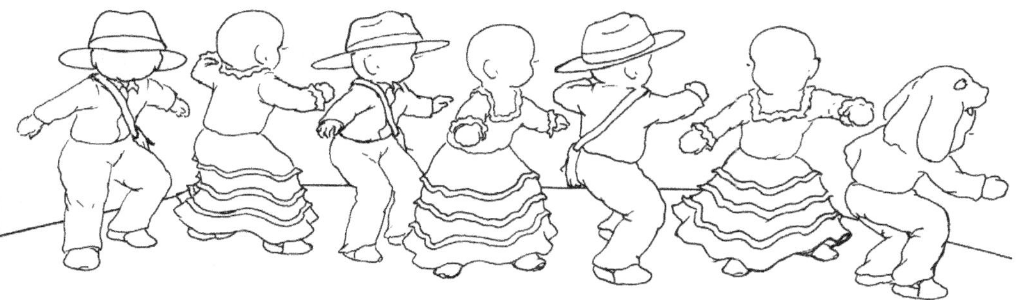

El perro come lo necesario, asusta otra vez a los gallinazos y se retira, dando saltos cortos. Los gallinazos se acercan hacen una fila y balancean sus cuerpos en todas las direcciones.

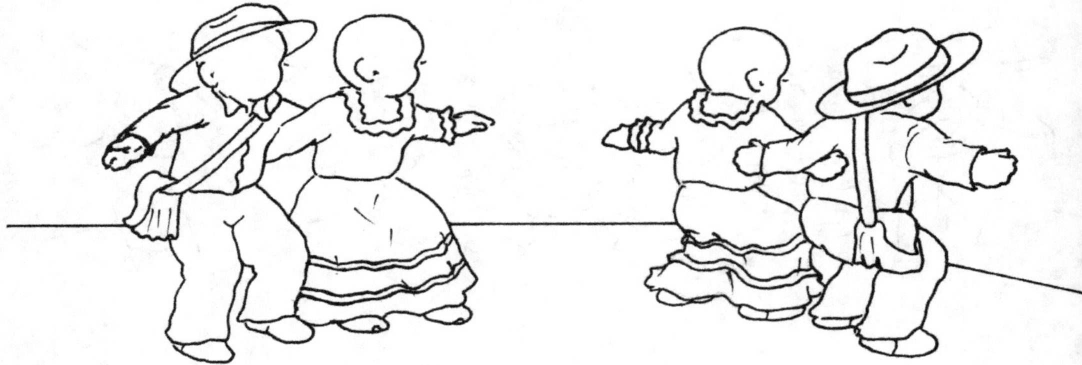

Salen los gallinazos extendiendo sus alas con el paso de rutina.

## Integración pedagógica

Con esta danza se estimula la creatividad y la expresión corporal. Se puede hablar acerca de la higiene a la cual contribuyen estos animales. Esta danza permite jugar con su temática, por lo tanto podemos emplearla para reforzar y ampliar otros temas o contenidos: los animales, la selva, la creación, el cuento, la fábula y los números.

# Danza juego

Con estas danzas podemos practicar ritmos folclóricos de los diferentes rincones de nuestro país, con unas coreografías cortas y sencillas donde los pequeños puedan reforzar conceptos geométricos como: el círculo, el cuadrado, la línea, el rombo, el triángulo y el rectángulo. Con la puesta en escena de estos juegos danzados podemos lograr en nuestros pequeños una mayor destreza física, acople rítmico y habilidad mental.

Existen muchos juegos danzados. Entre los más conocidos están: el líder, el modelo, la copa, la silla y el palo, entre otros.

La combinación de juego y danza es sin duda un buen método para que los niños aprendan a bailar jugando.

# Los sombreros

## Ubicación geográfica y origen

Esta danza pertenece al departamento de Boyacá. Acerca de su origen dicen los folclorólogos que nació en este departamento como un homenaje del campesino a uno de los elementos de su traje tradicional. También lo bailan en Cundinamarca y Santander.

## Temática

El tema central de esta danza es la elaboración del sombrero. En el transcurso del baile, quien tumbe el sombrero se le pone una penitencia bien jocosa.

## Integrantes

Parejas entre los cuatro y seis años.

## Música

Esta danza se acompaña con ritmo de torbellino.

## Paso básico

El paso básico es muy suave, con paso menudo, primero el pie derecho, luego el izquierdo al ritmo de la música. Tanto los niños como las niñas realizan el mismo paso.

# Traje

El traje adecuado para esta danza es el de la región de Boyacá.

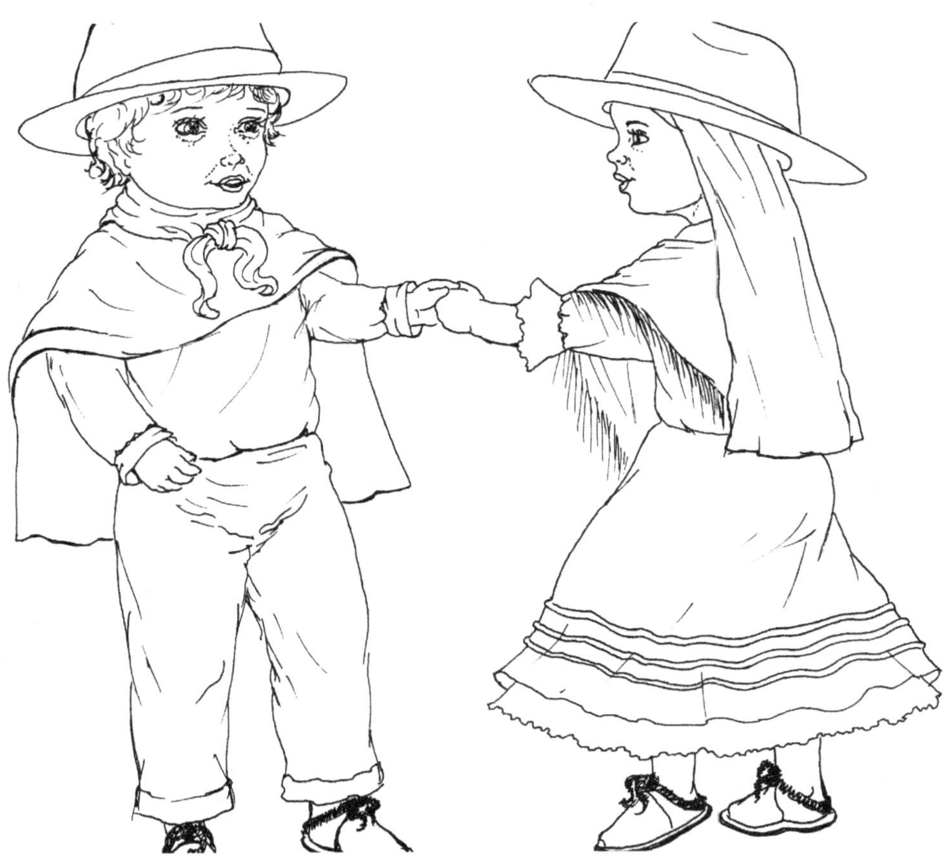

# Coreografía

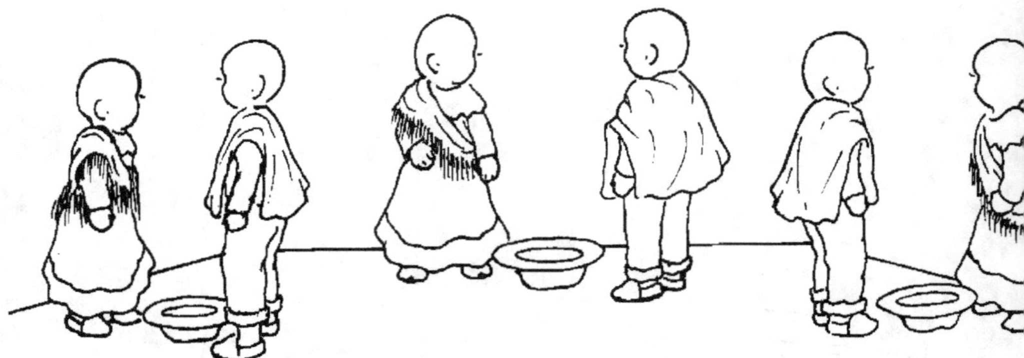

Aparecen en el escenario como lo ilustra la gráfica. Una de las niñas se quita el sombrero y grita:

*¡Que viva el baile del sombrero compadres!*

Todos le contestan:

*Que viva*

Colocan el sombrero en el piso con la copa boca arriba.

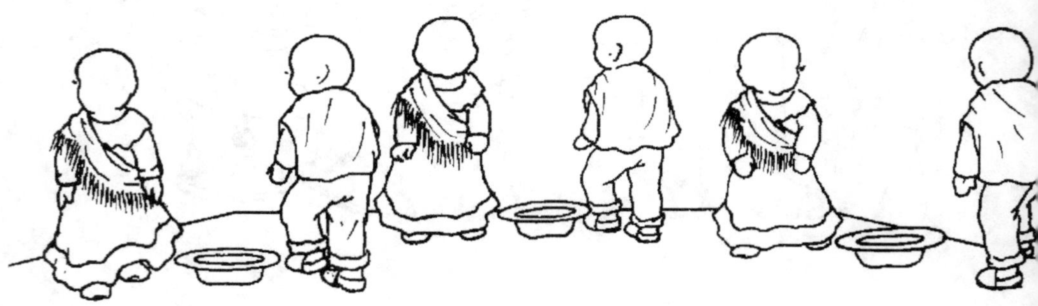

Con ritmos de torbellino se desplazan en tres tiempos y regresan al punto inicial.

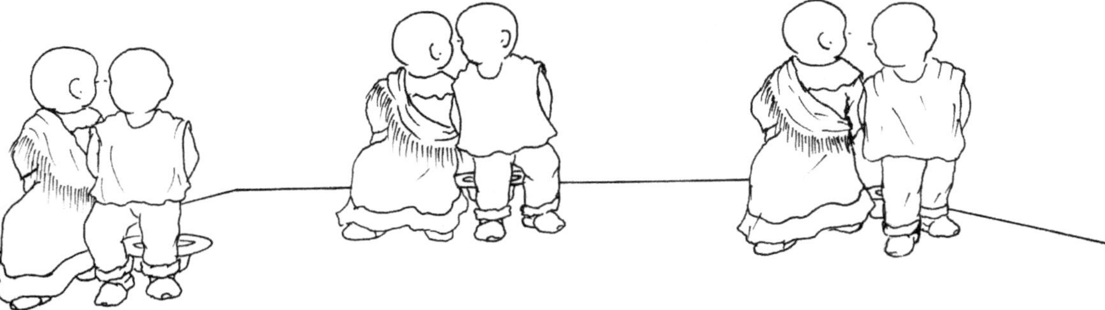

Los niños con las manos atrás y las niñas con las manos en la cintura, se cruzan de frente dan una vueltica en el puesto y regresan.

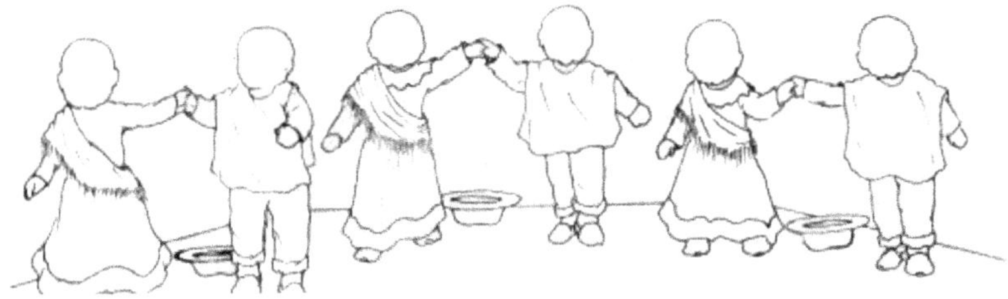

Se toman de las manos y sin tocar los sombreros avanzan hacia adelante en tres pasos y regresan.

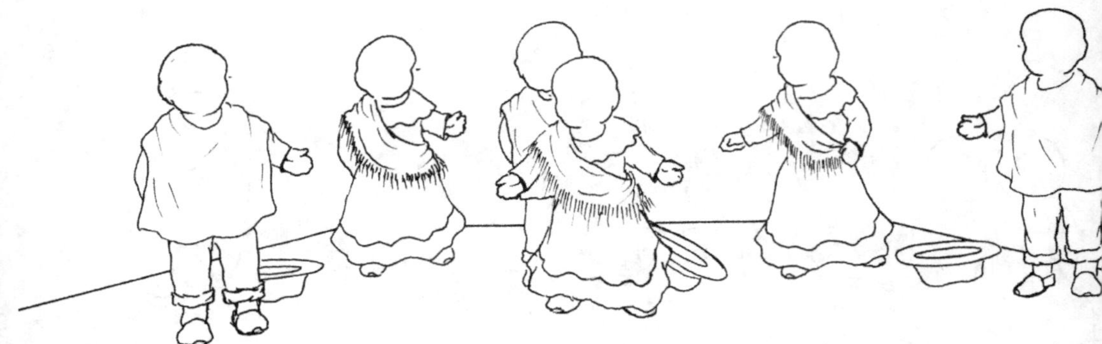

Una de las niñas tumba el sombrero y los demás le gritan:
¡*penitencia!*
Para la música y sale al centro del escenario a cantar una copla :
*Perdón señores que tumbé un sombrero*
*como no tengo dinero*
*le regalo este sombrero.*
Todos le contestan:

*Que viva la comadre*

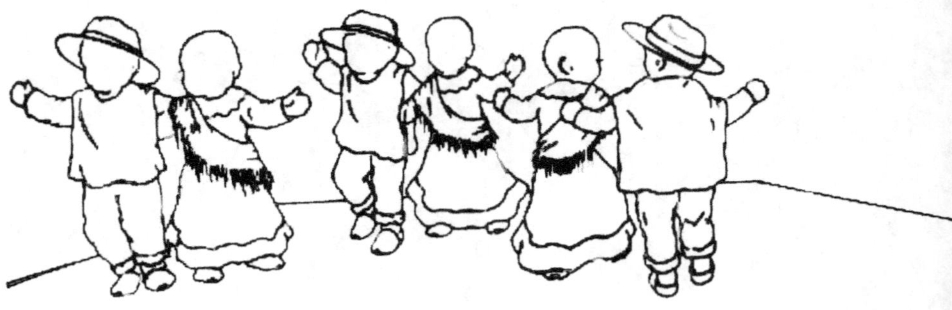

Todos se ponen el sombrero, levantan los brazos forman un círculo
y bailan con el paso básico.

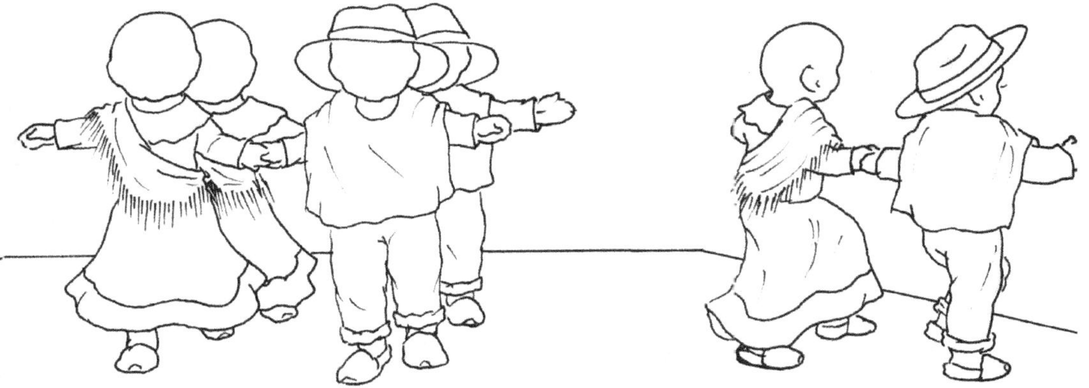

Forman una fila y van saliendo del escenario cogidos de la mano

## Integración pedagógica

La danza del sombrero es apropiada para trabajar con los niños porque se presta para estimular la sensibilidad rítmica, la sana competencia, la espontaneidad, la creatividad, la imaginación, la expresión corporal, la actuación y ante todo una sana diversión. También contribuye a disminuir el temor que sienten algunos niños frente al público espectador.

Todas las áreas sin duda se pueden reforzar con la ejecución y puesta en escena de esta danza.

# Danza de la escoba

### Ubicación geográfica y origen

El baile de la escoba no tiene un origen determinado; hay quienes afirman que es de Boyacá, de Cundinamarca y otros dicen que es de Antioquia. Lo cierto es que también se baila en otros países de Latinoamérica.

### Temática

Es de carácter jocoso y competitivo.

### Integrantes

Parejas mixtas entre los cuatro y seis años de edad.

### Música

Se baila a ritmo de torbellino, rumba criolla, o cualquier ritmo moderno. Esta danza no tiene música propia.

### Paso básico

Depende del sentido que se le dé a esta danza, puede ser ritmo moderno o de carácter folclórico escogiendo una región o departamento.

# Traje

En las versiones folclóricas el traje adecuado es el típico de la región que se haya escogido.

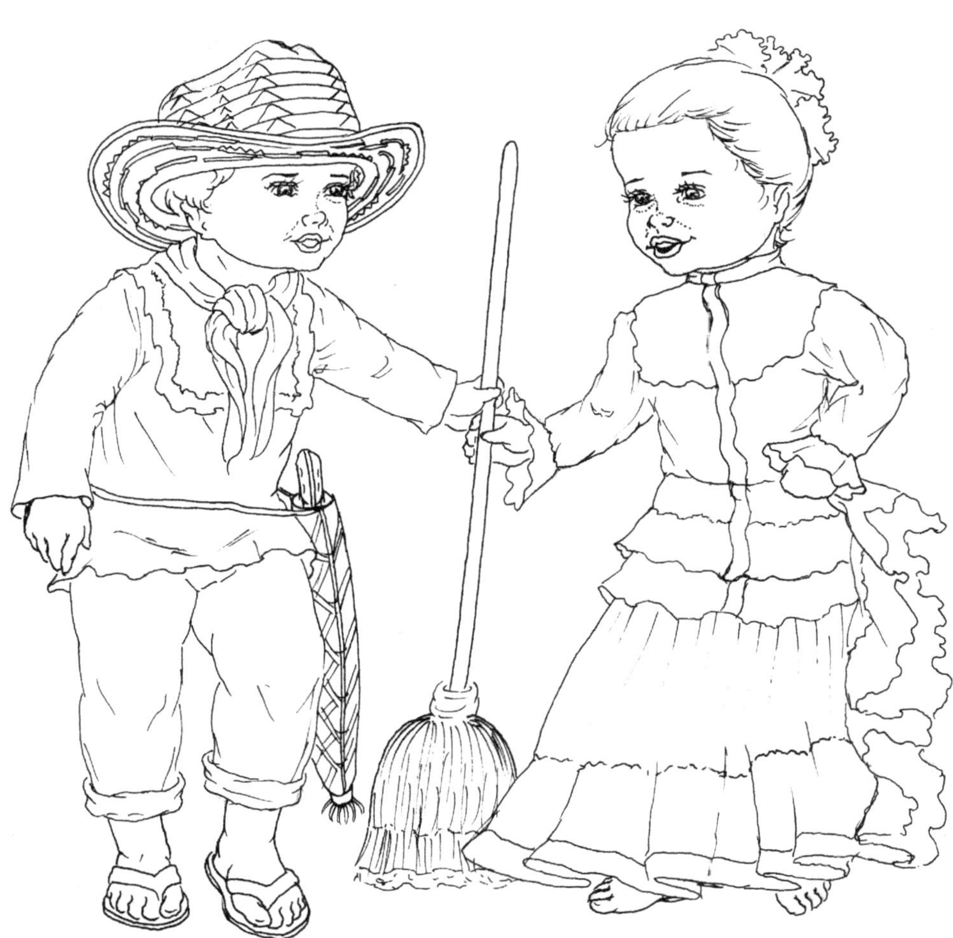

# Coreografía

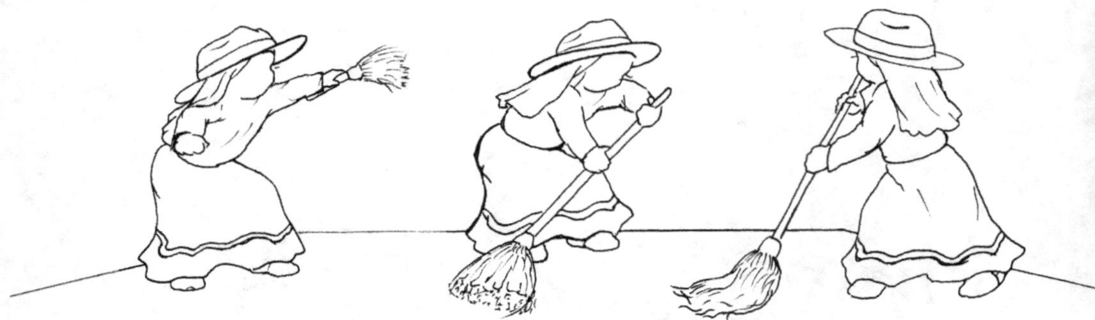

Entran al escenario tres mujeres, una lleva la escoba, otra el plumero o trapo, otra el trapero. Cada una simula hacer su oficio con movimientos exagerados.

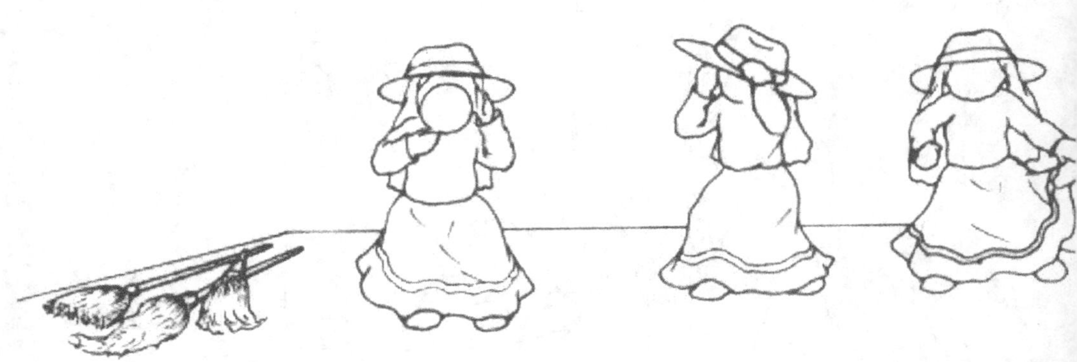

Las tres niñas dejan a un lado los implementos para continuar con el arreglo personal. Se pintan los labios, se peinan, se miran al espejo, se empolvan el rostro, etc.

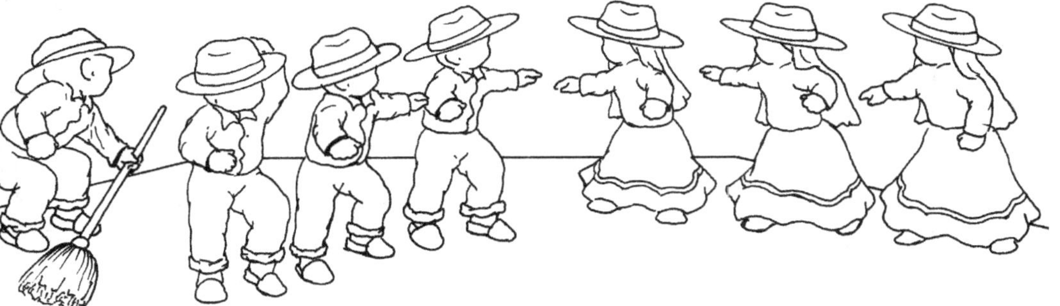

Posteriormente entran los invitados, los cuales van llegando por parejas, se saludan y tres de los niños se acercan a las niñas que se están arreglando. Otro niño entra solo.

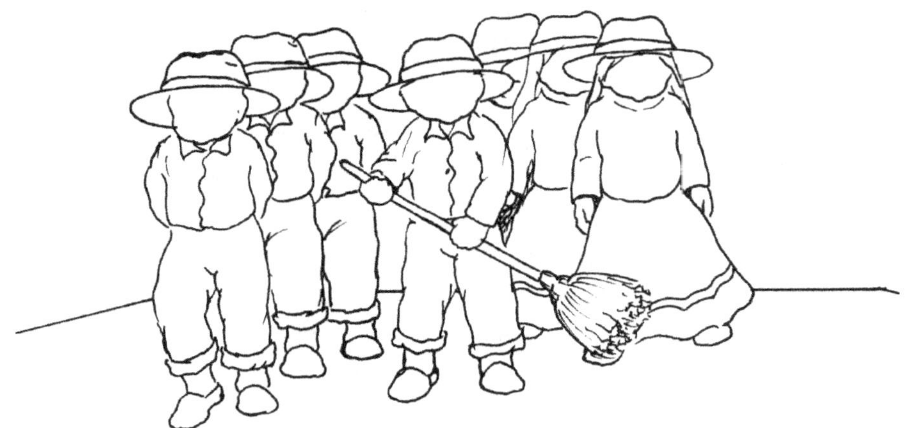

Se organizan en una fila y hacen una venia al público; encabezando el niño con la escoba.

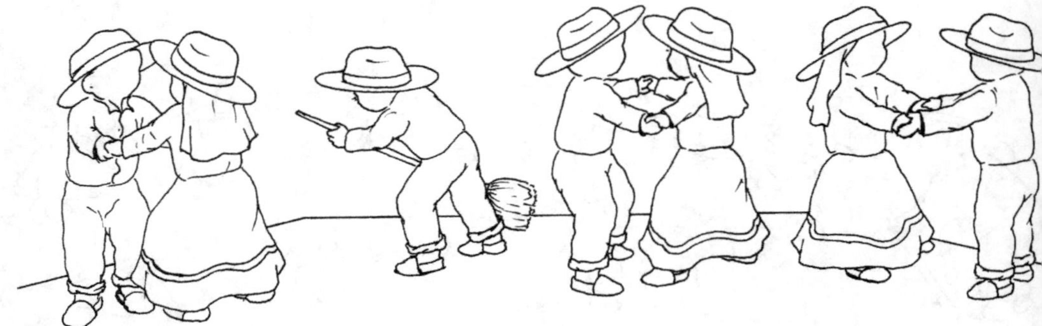

Suena la música y el que lleva la escoba da una vuelta completa con movimientos exagerados, como si estuviera barriendo. Los demás bailan en el puesto.

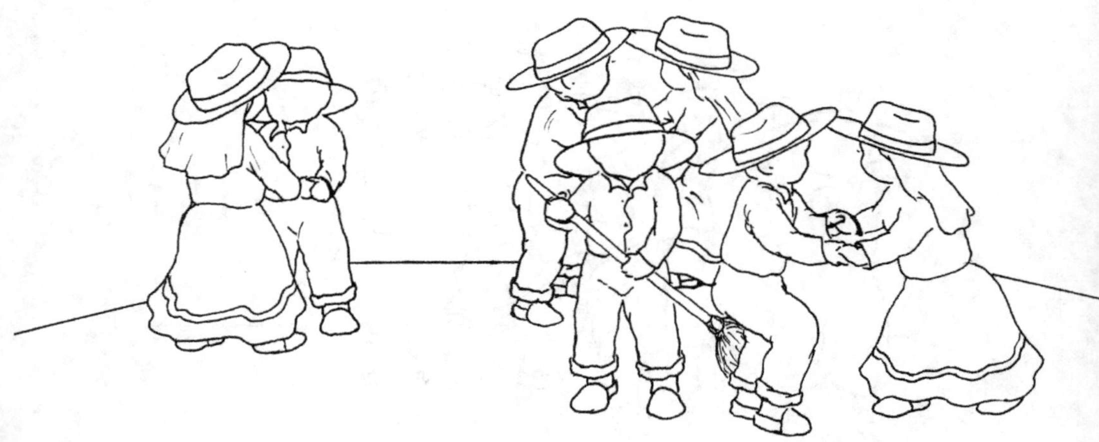

Forman un círculo amplio y en el centro se ubica el niño que tiene la escoba.

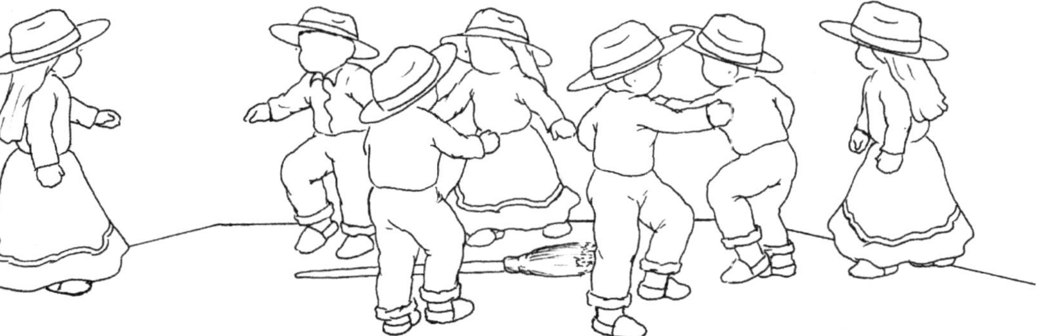

Deja la escoba en la mitad y cambian de parejo, el que quede solo coge la escoba y hace los siguientes ademanes: barrer, cantar, montarse en la escoba (bruja), tocar un instrumento de cuerda, etc.

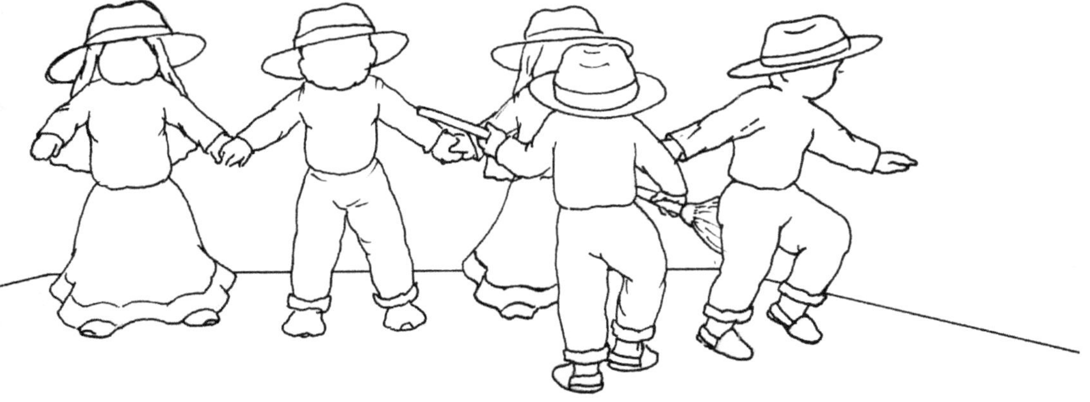

Todos bailan con pasos ágiles sin cogerse, hasta que tira la escoba al piso, los demás cambian de parejo y continúan bailando, forman media luna, hacen la venia y salen. El que tiene la escoba los molesta de vez en cuando.

## Integración pedagógica

Con la danza de la escoba podemos trabajar las artes escénicas, la expresión corporal, la creatividad, el respeto, la mímica, la copla, la poesía, la socialización, el trabajo, la higiene, el aseo personal, la tolerancia, los valores, el esquema corporal y la disciplina entre otros.

# Los matachines

## Ubicación geográfica y origen

La danza de los matachines pertenece a la región del Tolima. Fue traída del viejo continente por los misioneros para preservar la fe católica de los mestizos. Con el pasar del tiempo se convirtió en una danza callejera y muy vistosa.

## Temática

Es de carácter religioso, el objetivo primordial es destacar el triunfo del bien (matachines) sobre el mal (diablo).

## Integrantes

En esta danza pueden intervenir un buen número de niños pueden ser solo niños o parejas mixtas entre los cuatro y seis años.

## Música

Se baila con ritmo de rajaleña o bambuco.

## Paso básico

Es similar al de la contradanza, bambuco viejo, o rajaleña sacando el pie derecho de lado.

# Traje

El vestuario de esta danza es uno de los más económicos ya que sólo necesita un pantalón y una camisa en desuso. Éste va cubierto con flecos de tela o papel de vivos colores, generalmente bailan descalzos o cubren sus pies con baletas o cotizas. El palo va decorado o pintado y las máscaras al gusto, recursos y creatividad de cada niño.

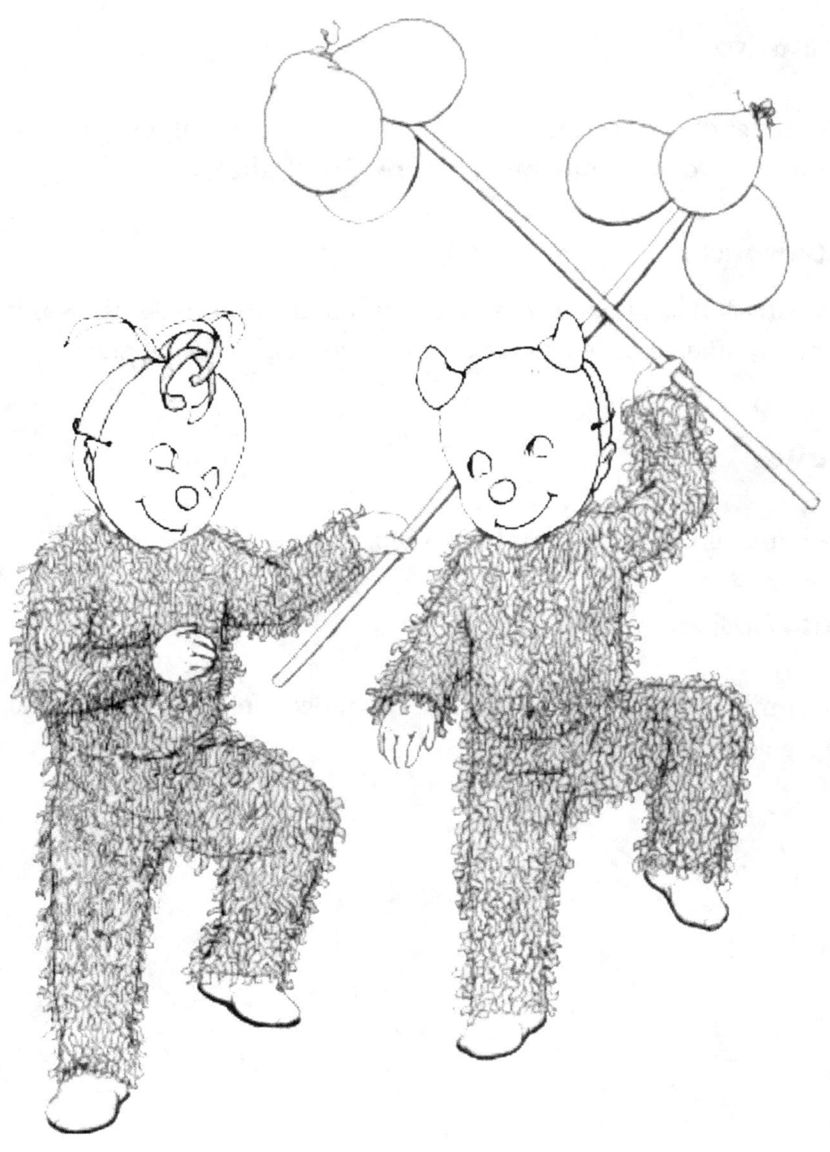

# Coreografía

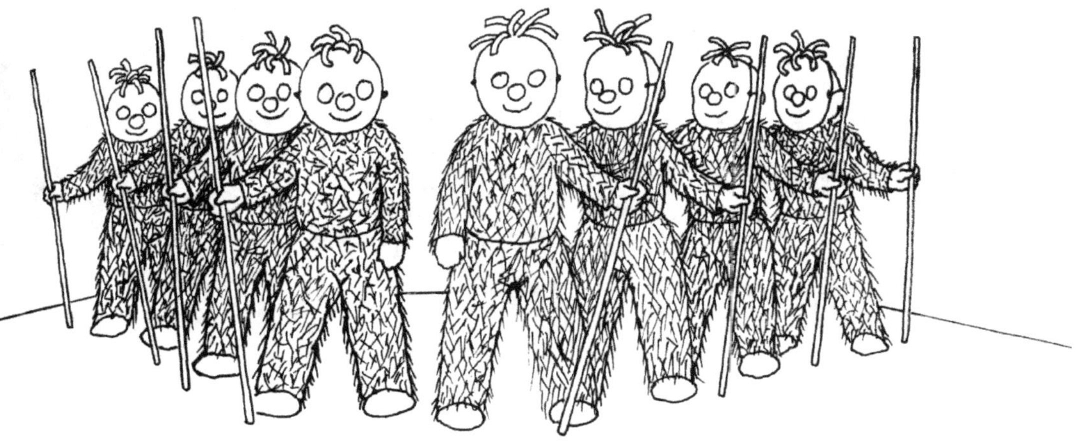

Entran golpeando el piso con el palo y forman una V.

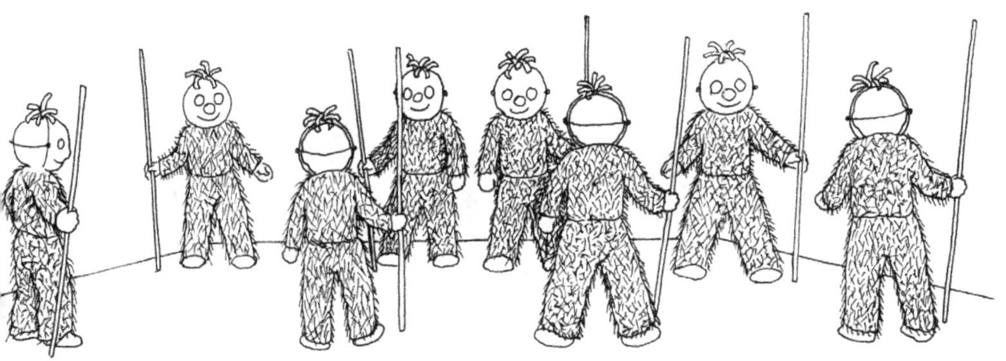

Forman dos cuadrados y se encuentran en diagonal de dos en dos.

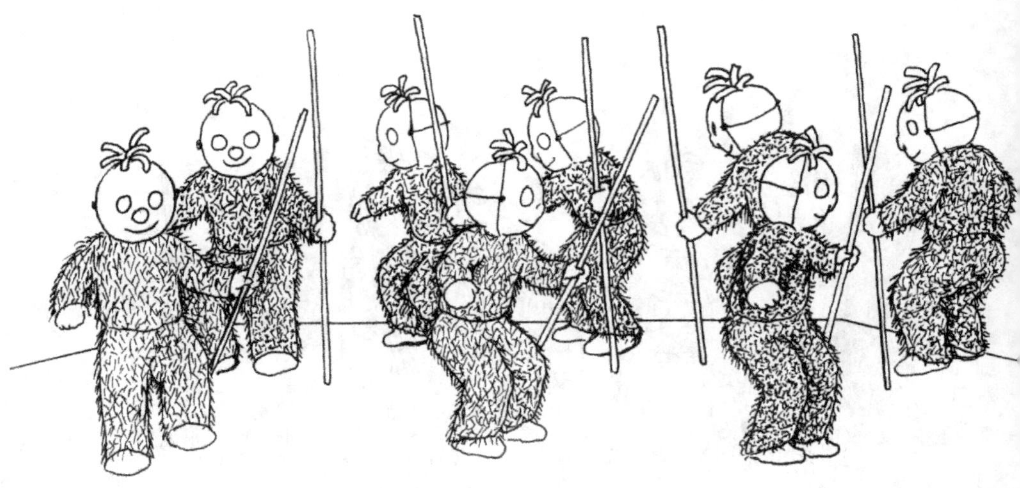

En círculo dan una vuelta golpeando el piso con el palo, hacen un solo giro en un solo pie. Caen con las rodillas un poco flexionadas

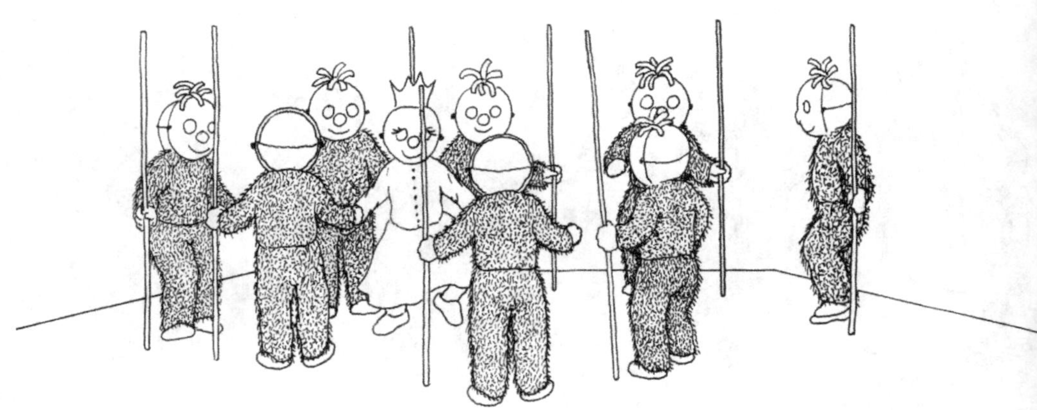

Entra la matachina en carrera por todo el círculo. Los demás bailan en el puesto.

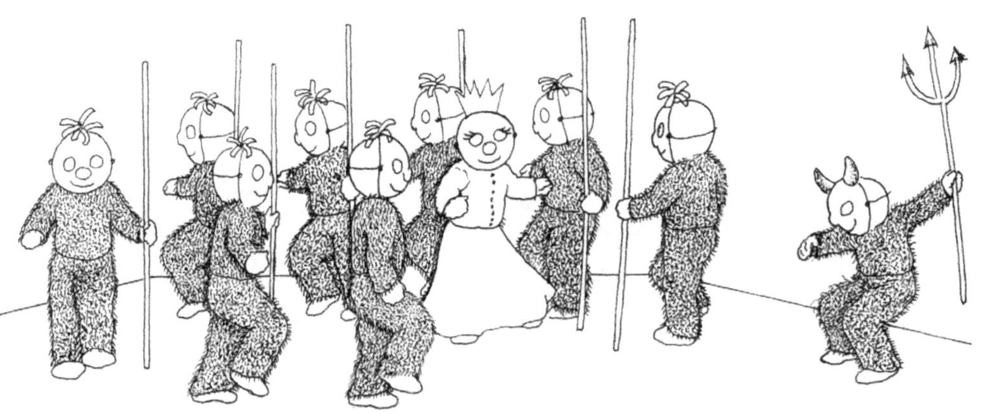

Dan una vuelta completa y hace su aparición el diablo, a un lado del escenario recita

*Soy el diablo culebrero me echaron de los*
*infiernos porque no sabía jugar*

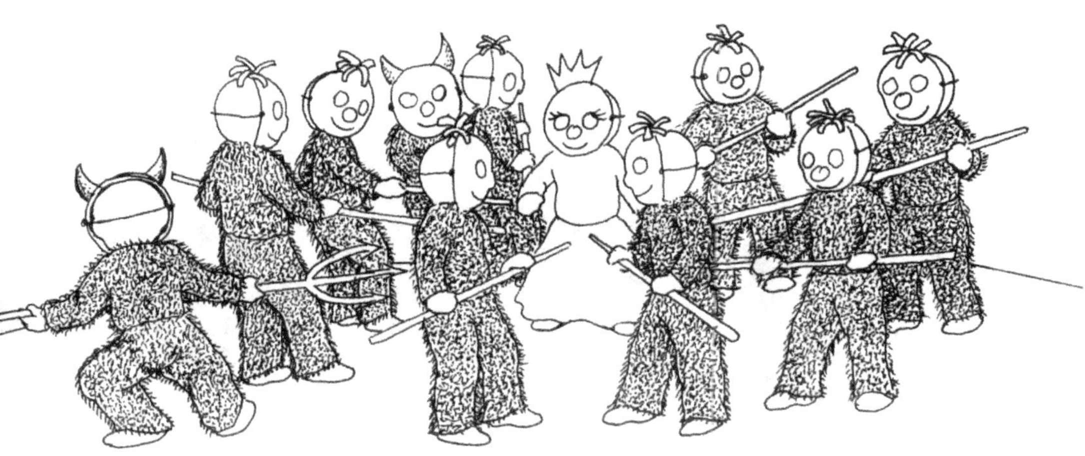

Con los palos tratan de proteger a la matachina, evitando la entrada al círculo.

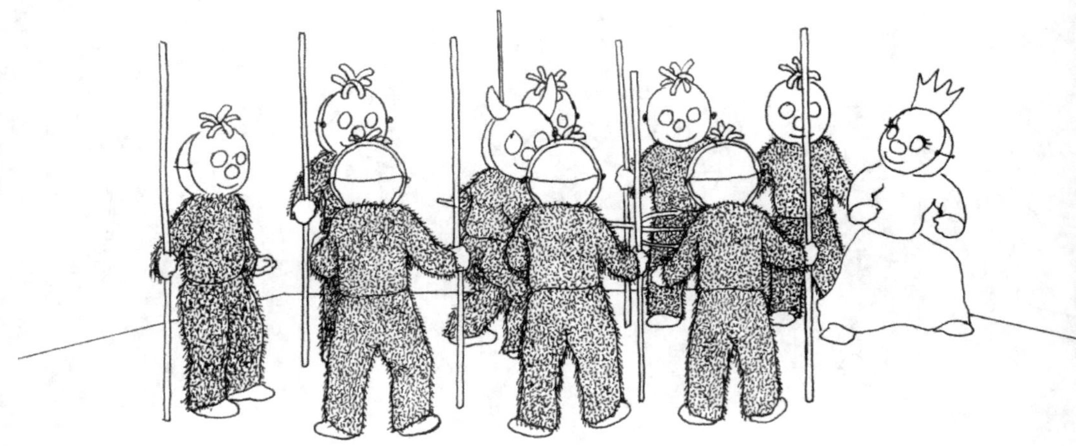

En un descuido logra entrar el diablo y la matachina se escapa con movimientos exagerados.

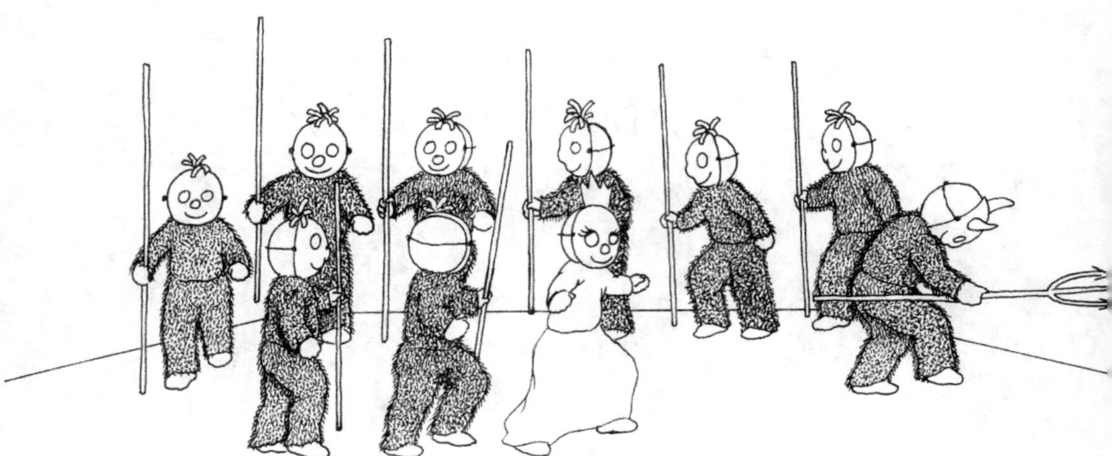

El diablo hace el gesto de estar cansado y con la cabeza inclinada y los brazos caídos va saliendo del escenario.

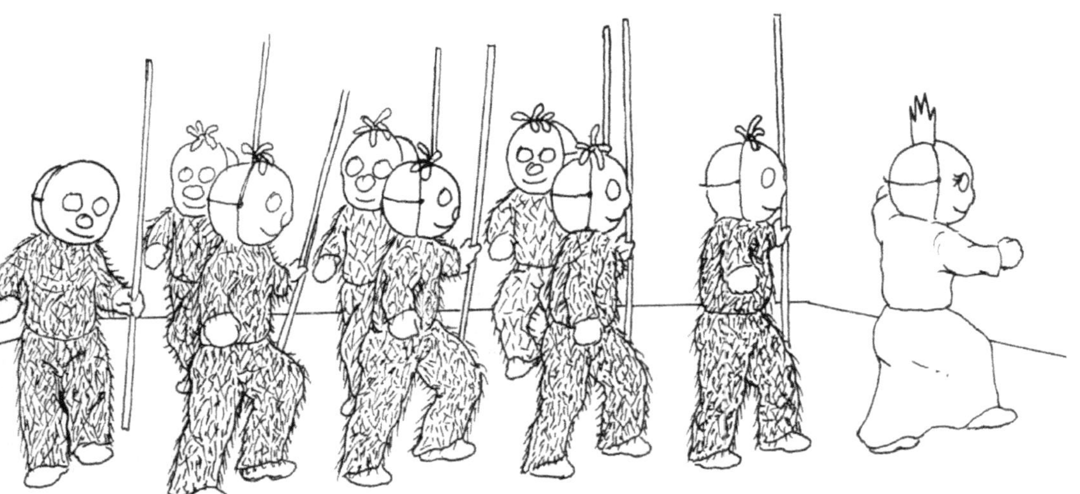

En la fila horizontal encabezando la matachina hacen un recorrido y salen.

## Integración pedagógica

La danza de los matachines es apropiada para trabajar en preescolar. Al niño se le puede dar a escoger para que represente en esta danza el personaje que desee para que desarrolle su imaginación y creatividad, en el momento de elaborar las máscaras, decorar los palos y organizar la escenografía.

Esta danza se presta para trabajarla en teatro y dejar volar la imaginación del niño. También contribuye este trabajo coreográfico a rescatar la unidad familiar, el diálogo, la ternura, el amor y la comprensión, en el momento de elaborar las máscaras, decorar palos y confeccionar el vestuario con la ayuda de los padres, hermanos y amigos más cercanos.

En esta danza se pueden aplicar la mayoría de las técnicas empleadas en las artes plásticas, como el moldeado en arcilla, la pintura, escultura, el puntillismo, rasgado, pegado y teoría del color. Todo ésto le sirve al niño para el desarrollo de su personalidad. En educación religiosa pueden trabajar y reflexionar acerca del bien y del mal

# Danza
# lúdica

Para Jean Piaget[3] el juego no es simplemente una forma de desahogo o entretenimiento para gastar energías en los niños, sino medios que contribuyen y enriquecen el desarrollo intelectual.

Los juegos han constituido siempre una forma de actividad inherente al ser humano.

3.    Piaget Jean. Psicología y Pedagogía. Pág. 158

# La cachada

## Ubicación geográfica y origen

Pertenece al departamento de Antioquia. Se llama así porque en este departamento cachar es conversar o comadrear.

## Temática

Este ritmo no tiene una temática definida; en algunas versiones se presenta coquetería y galantería, pero en general esta danza es de tipo recreativo.

## Integrantes

Pueden participar parejas mixtas entre cinco o seis años.

## Música

Se llama la cachada, su ritmo nos recuerda la polka y la contradanza.

## Paso básico

Los movimientos son iguales para las niñas y niños, el paso de rutina es similar al del baile de la danza, pero se apoya el talón del pie que esta adelante y luego se cambia.

# Traje

El vestuario adecuado es el traje típico del departamento de Antioquia.

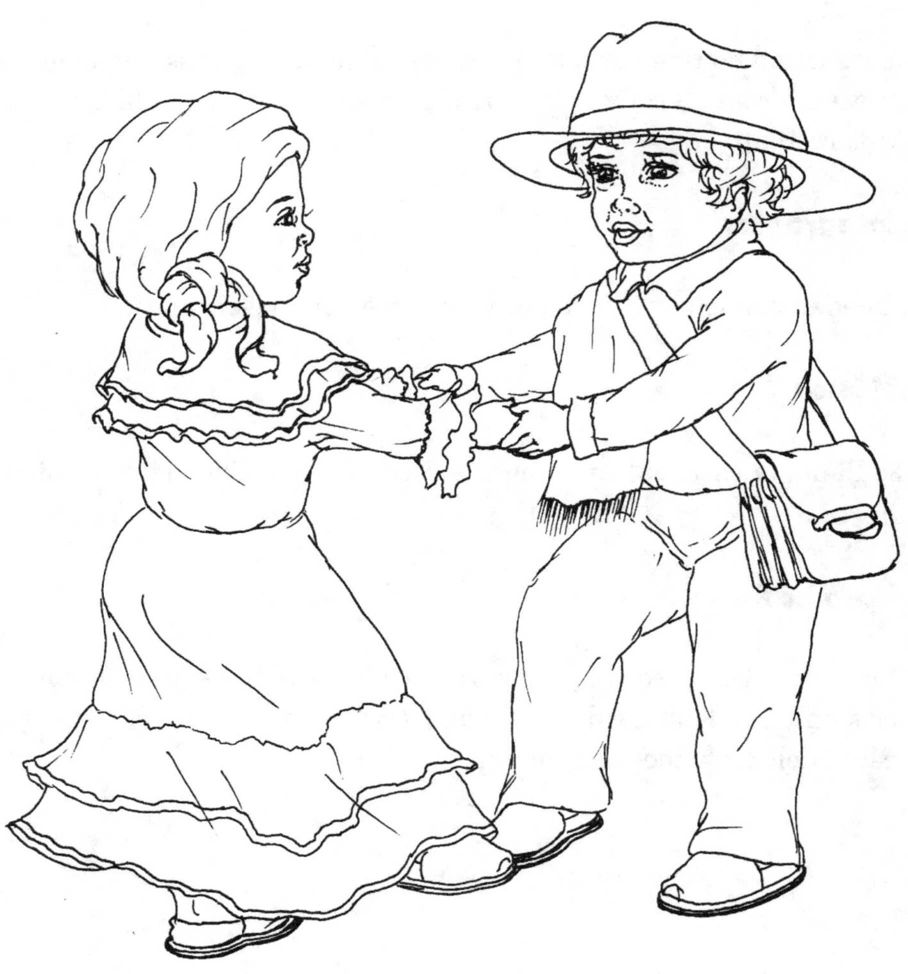

# Coreografía

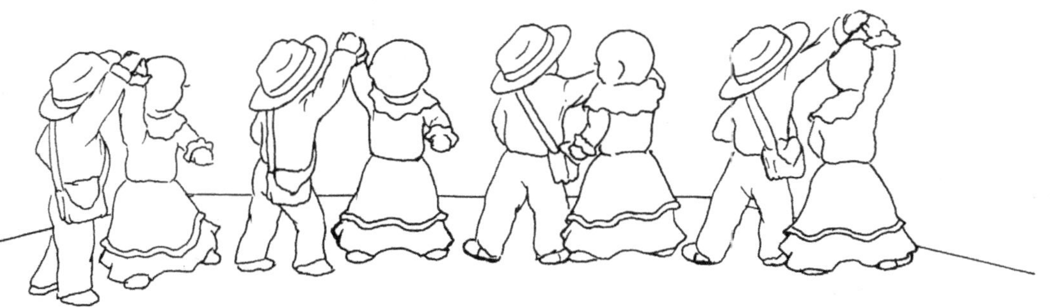

Entran las parejas y se ubican en forma horizontal. El niño toma la mano derecha de su pareja y le da una vuelta.

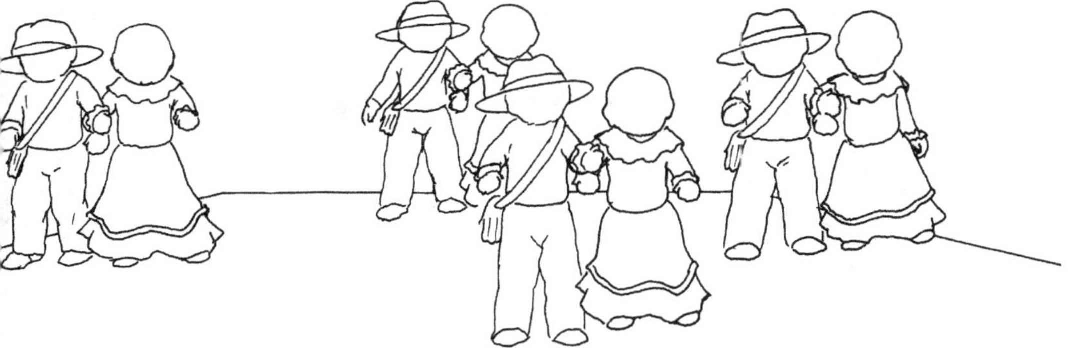

Forman un rombo por parejas cogidos de gancho.

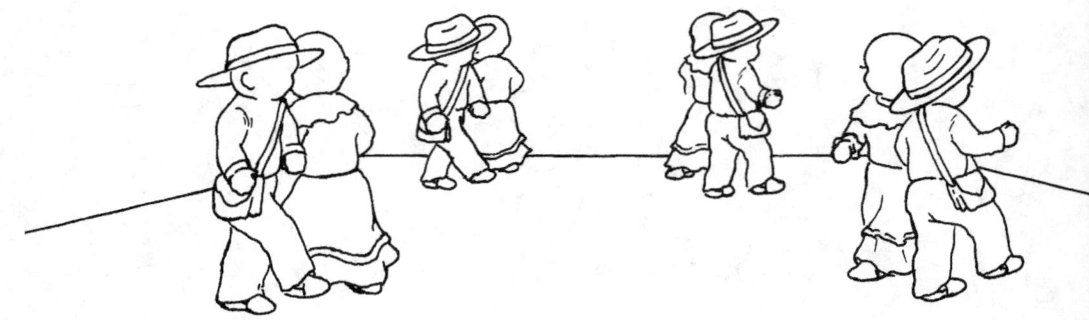

En rectángulo por parejas se cruzan en el puesto.

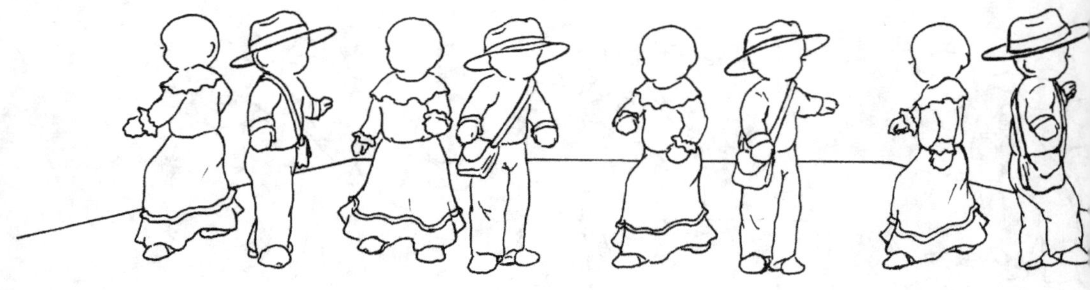

Forman una fila y se desplazan en dos tiempos para llegar al punto inicial.

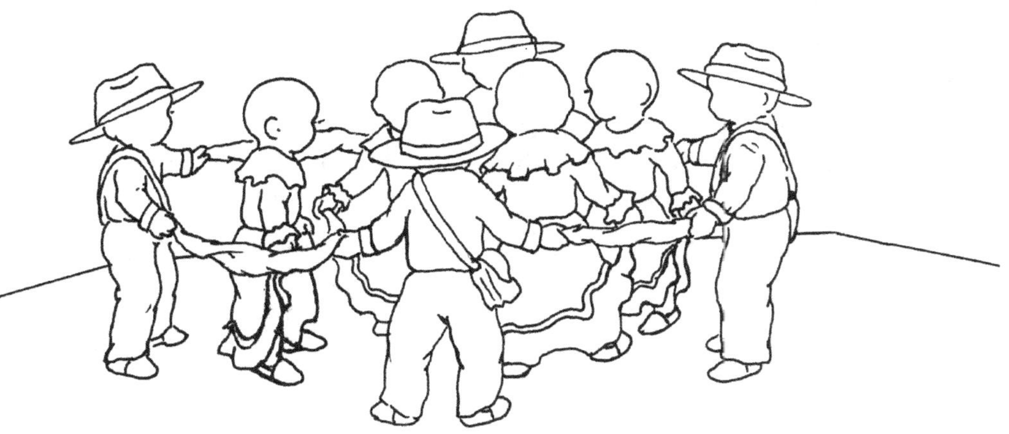

Realizan un círculo doble. Los niños lo amplían con la pañoleta.

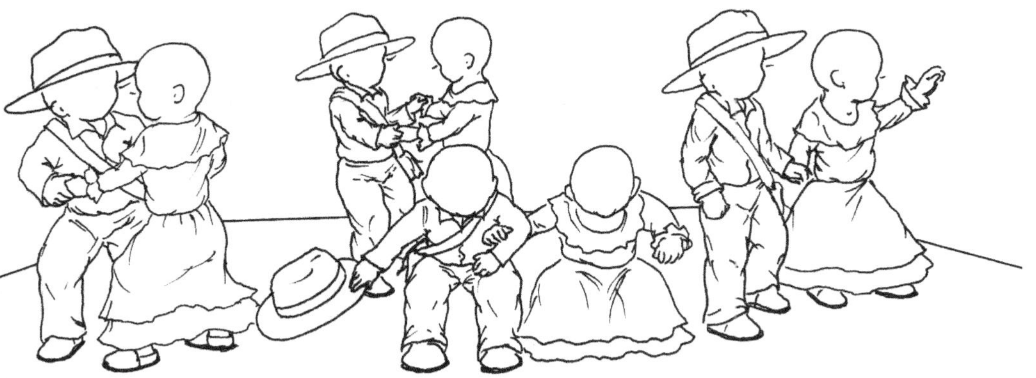

Forman media luna y bailan tomados de la mano hacia adelante y hacia atrás. Se sueltan hacen la venia continúan bailando hasta salir cada pareja.

## Integración pedagógica

Con el baile de la cachada se benefician las extremidades superiores e inferiores, la velocidad y la agilidad corporal, la coordinación de movimientos; también se estimula la imaginación, la rapidez mental y la expresión corporal. Los giros ayudan a superar problemas de vértigo, de inestabilidad, de falta de equilibrio y a desarrollar un mayor control mental del cuerpo. También se puede reforzar temas de otras áreas como: figuras geométricas, lateralidad, la sociedad, la familia, el país, etc.

# El bambazú

## Ubicación geográfica y origen

Pertenece al departamento del Chocó. De su origen se sabe muy poco algunos folcrólogos dicen que esta danza surgió de una anécdota de la región.

Alberto Londoño[5] nos cuenta que había un señor muy parrandero que se enfermó de fiebre; como en la vecindad se celebraba una fiesta, él no se aguantó la gana de ir a bailar, al llegar a la parranda la gente le preguntaba qué tenía y él respondía: un bambazú, participa de la fiesta y contagia de su mal a todos los invitados

## Temática

La danza muestra en su desarrollo los movimientos corporales característicos de la fiebre, es decir el escalofrío y la tembladera que produce.

## Música

Para esta danza se emplea ritmo de bambazú.

## Paso básico

Esta danza no tiene pasos definidos, pero el paso de rutina es parecido al de la cumbia. La diferencia es el movimiento acelerado de la cadera.

La parte cantada se acompaña con balanceo de cuerpo, con movimiento de manos y expresión facial, en la parte final del escalofrío, fuerte tembladera.

---

5.    Londoño Alberto. Danzas Colombianas. Editorial Universidad de Antioquia. Medellín. 1988.

# Traje

El vestuario de esta danza es de la región del pacífico

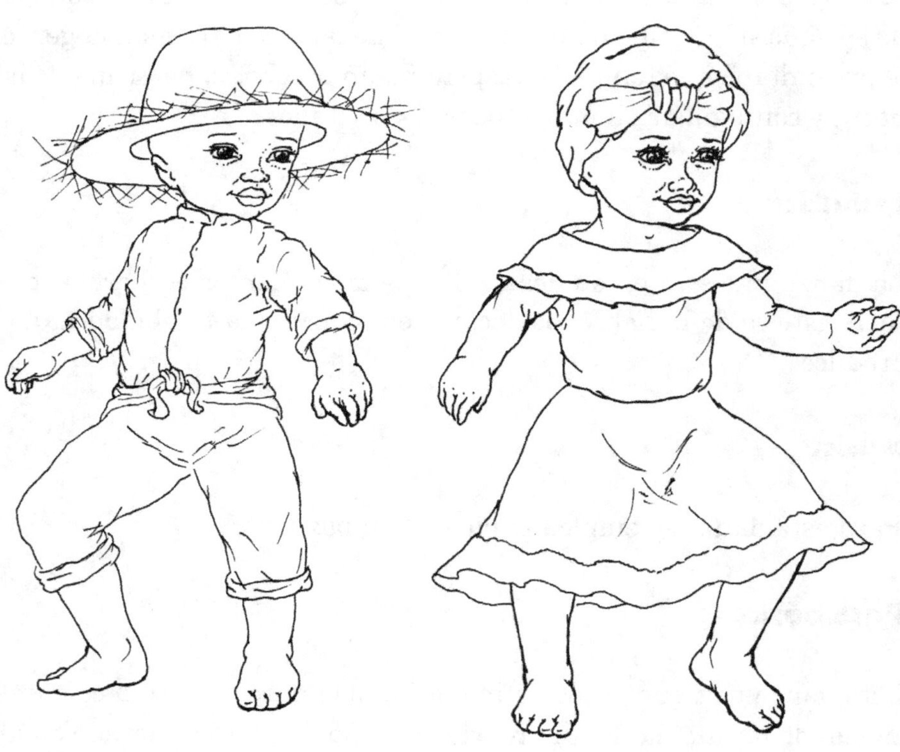

# Coreografía

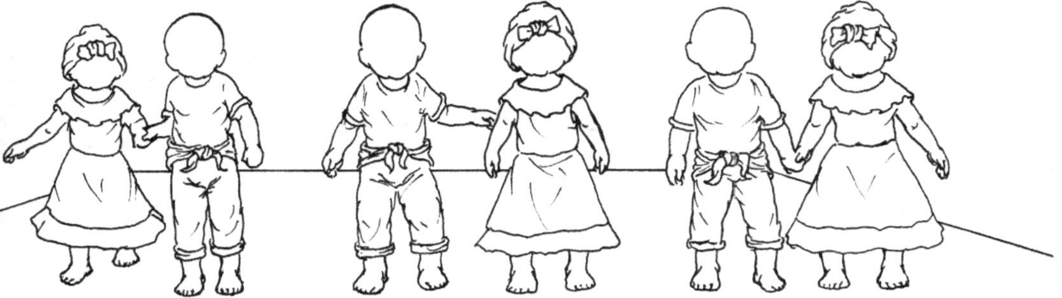

Aparecen los niños en parejas mixtas hasta formar una fila horizontal caminando suavemente.

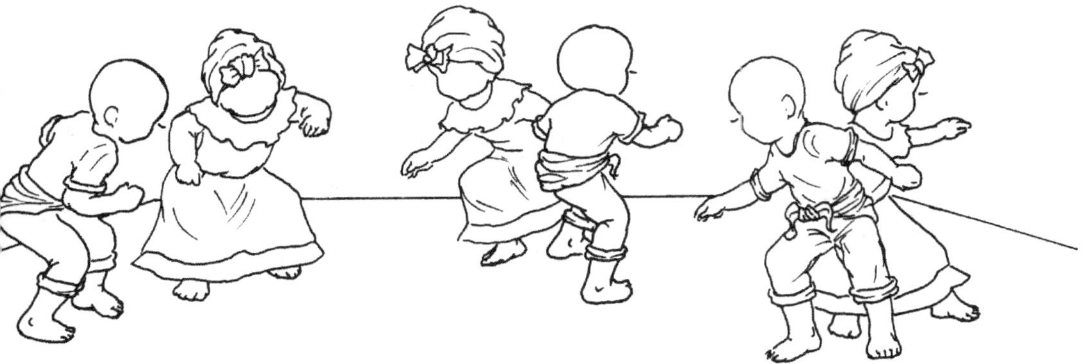

Inclinan el tronco y dan una vuelta en el puesto para formar un círculo.

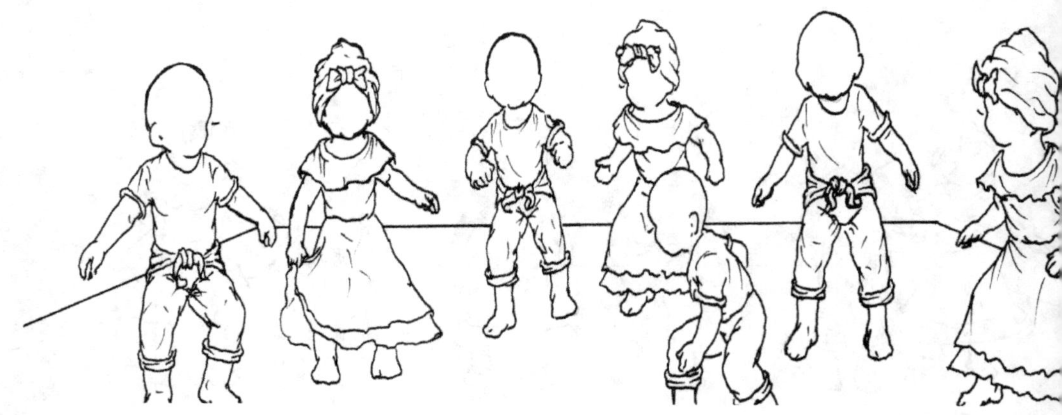

Las parejas bailan a su antojo despúes forman media luna y aparece *Emiliano* el señor que está enfermo.

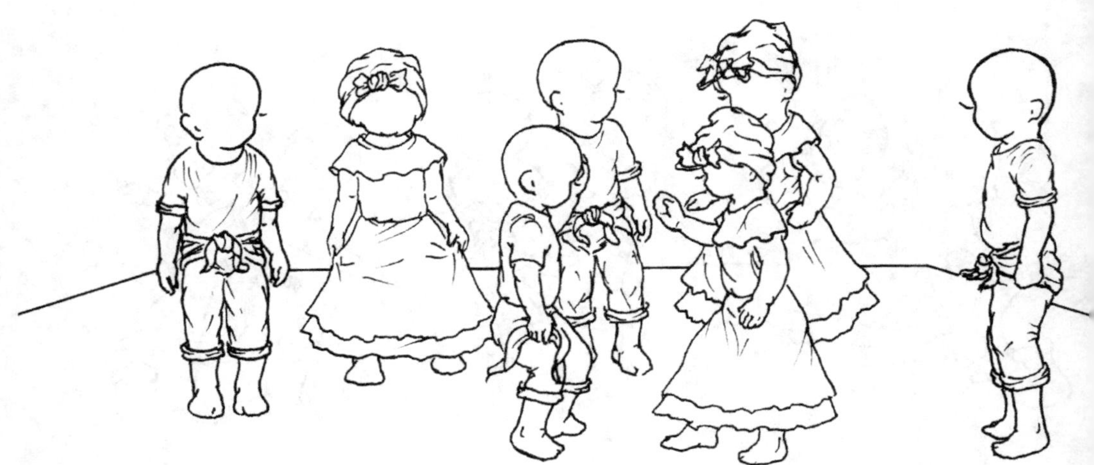

Una de las mujeres le pregunta, ¿Emiliano qué tienes? el enfermo contesta ¡un bambazú!
Todos mueven sus cuerpos a lado y lado con los brazos caídos.

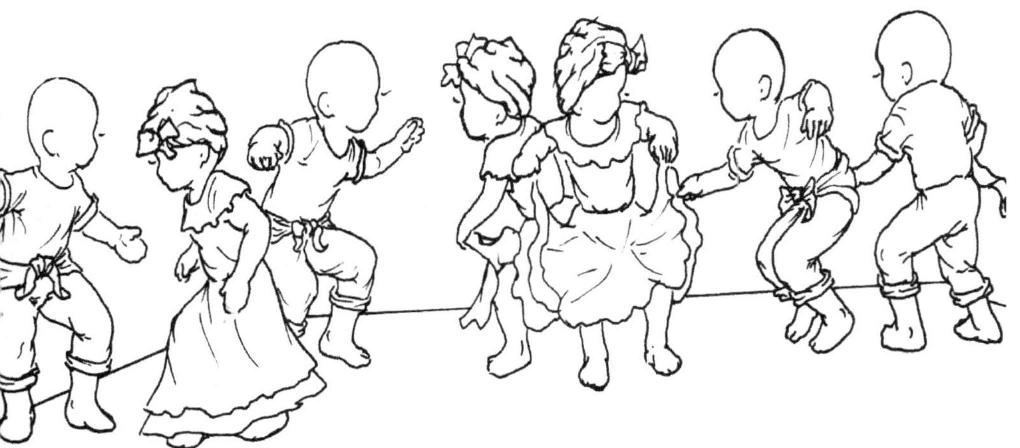

Suena la música todos bailan libremente con movimientos exagerados de cadera.

Emiliano baila alrededor de cada pareja dando la sensación de estar enfermo, rosa sus cuerpos. Ésto representa el contagio de la enfermedad.

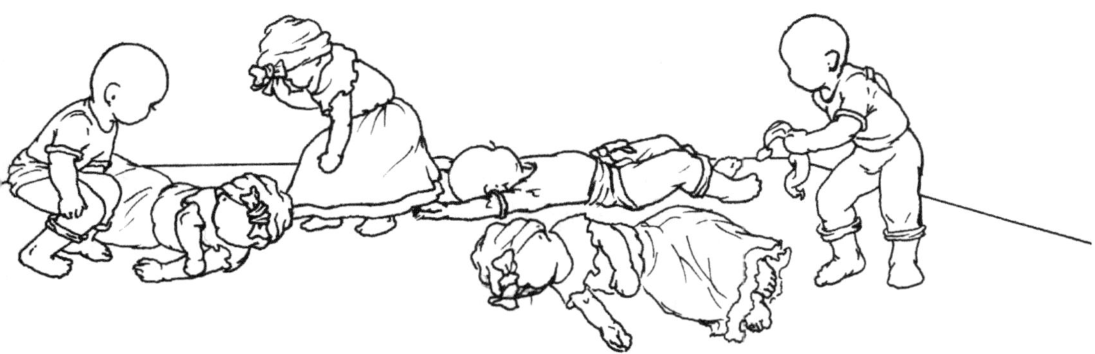

Todos empiezan a temblar exageradamente y uno a uno va cayendo boca arriba.

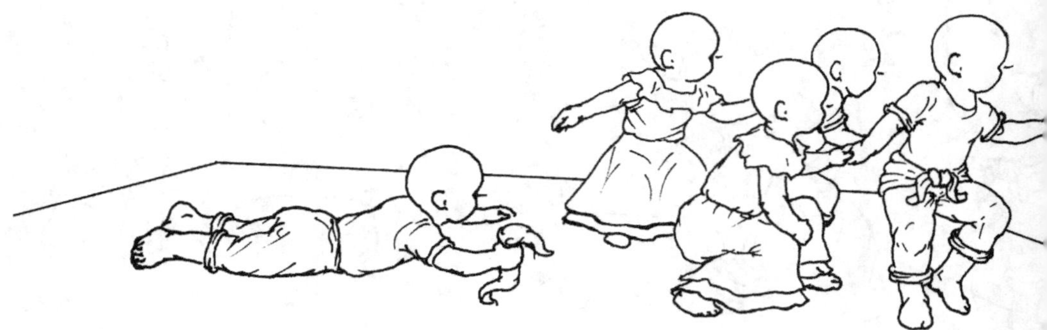

Emiliano convulsiona exageradamente, recorre todo el escenario y de forma jocosa cae boca abajo. Suena de nuevo la música se ponen de pie y bailando van saliendo.

## Integración pedagógica

El bambazú contribuye al desarrollo físico e intelectual del niño y a su desenvolvimiento en la vida social, ya que se ve en la necesidad de hablar en público, ésto sin duda le ayudará a superar la timidez.

Se presta esta danza para trabajar el cuento, las artes escénicas, el canto, la expresión facial y corporal.

La sana competencia, primeros auxilios, la sociedad, etc. El esquema corporal es otro factor que se puede analizar a través de esta danza, también la elasticidad, flexibilidad, la habilidad, la resistencia física y la creatividad.

# El congo

## Ubicación geográfica y origen

Esta danza callejera pertenece a la ciudad de Barranquilla. De su origen se sabe muy poco, fue fundada en 1870 por un señor de apellido Macías y año tras año se fue difundiendo en todo el país.

## Temática

Es una danza de carnaval cuyo objetivo es divertir a la gente.

## Integrantes

Pueden participar parejas mixtas entre los cuatro y seis años, o sólo niños.

## Música

El ritmo es el congo.

## Paso básico

Los pasos son menudos y caprichosos, se ejecutan caminando, saltando trotando y hasta corriendo de vez en cuando.
Los desplazamientos se hacen en hileras y enganchados por los codos.

# Traje

El traje de esta danza es especial para la danza del carnaval de Barranquilla. Su confección es independiente.

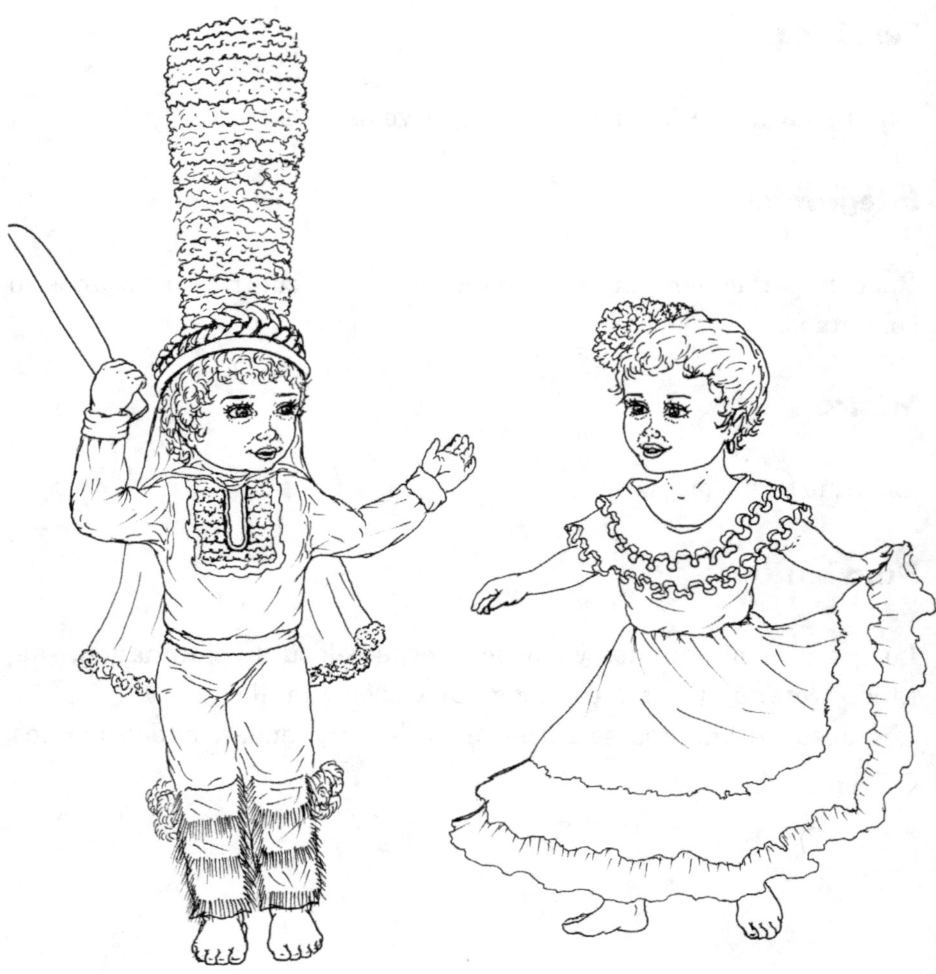

# Coreografía

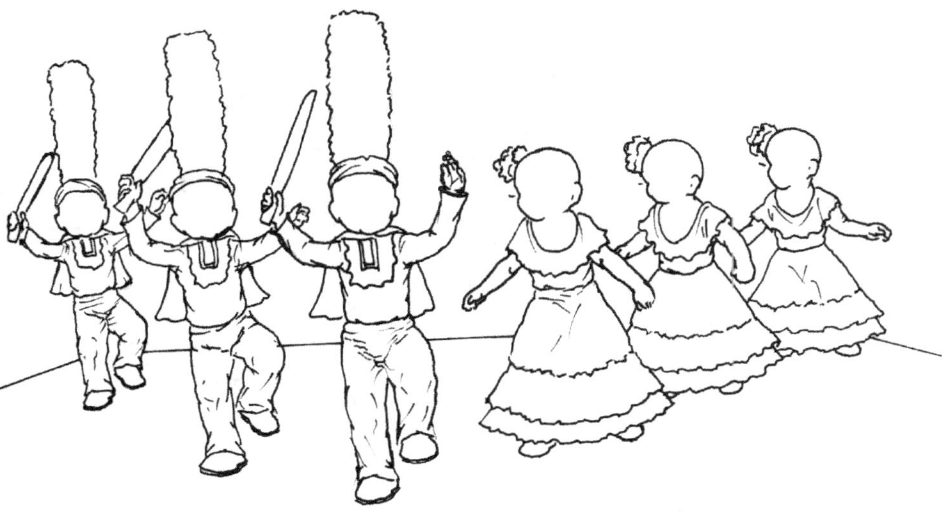

Aparecen en el escenario en forma de V, los niños con el machete en la mano.

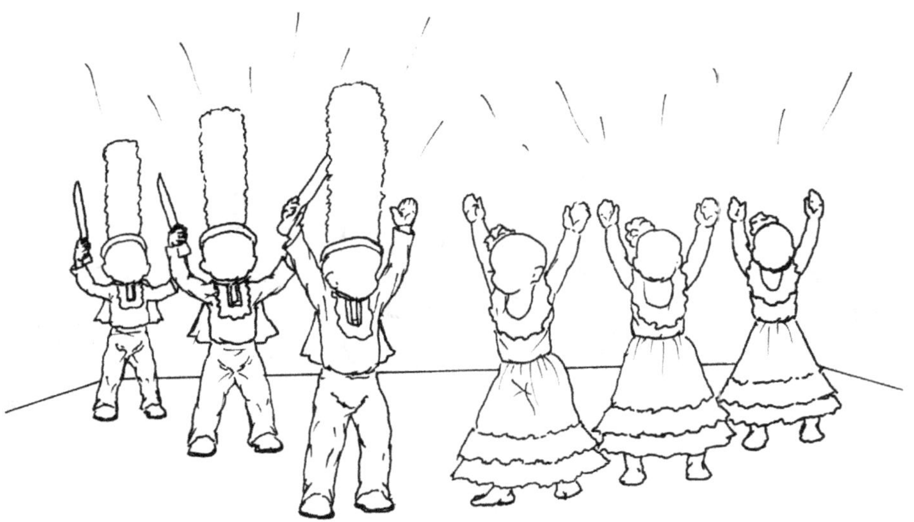

Suena la música y los niños gritan *¡viva el congo!*
Las niñas contestan *¡que viva!*

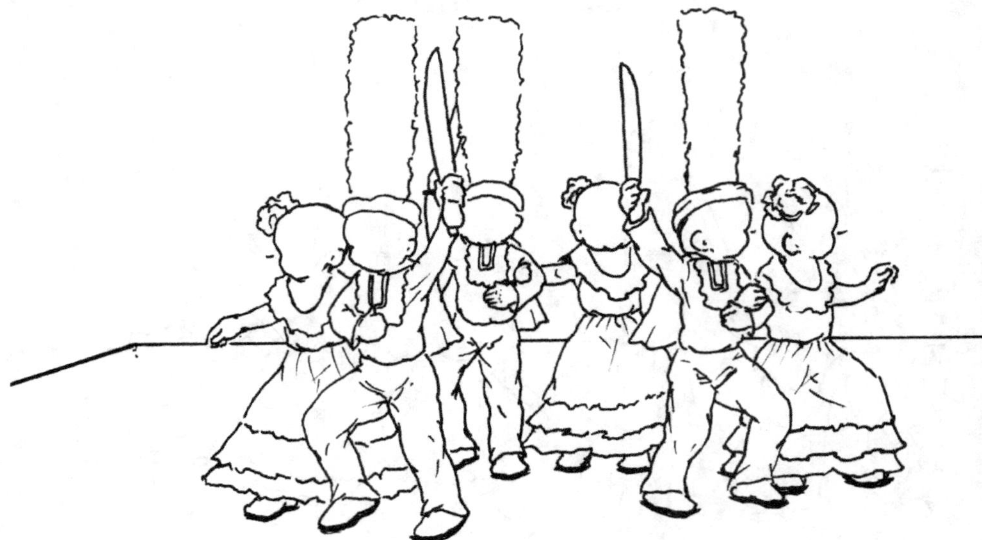

Se cogen de gancho y dan una vuelta en el puesto para salir en trote por todo el escenario.

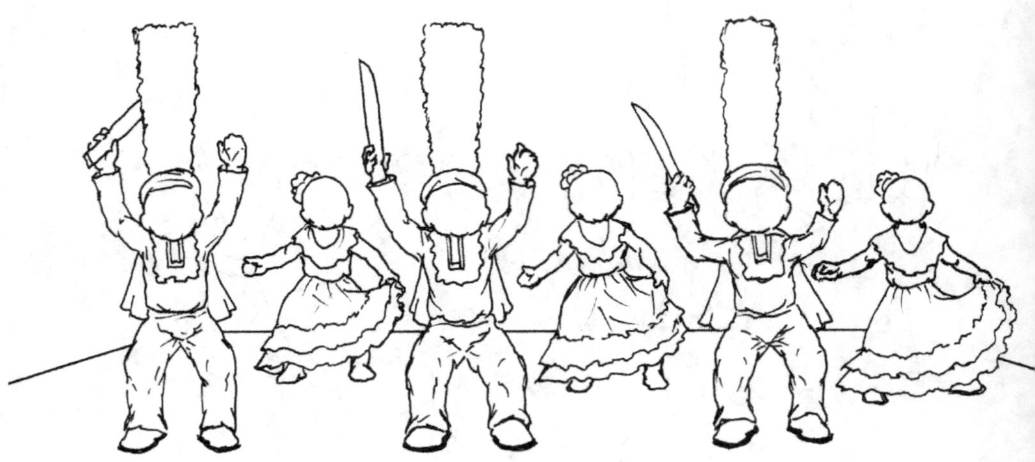

Flexionando el tronco con pasos menudos se desplazan en tres tiempos.

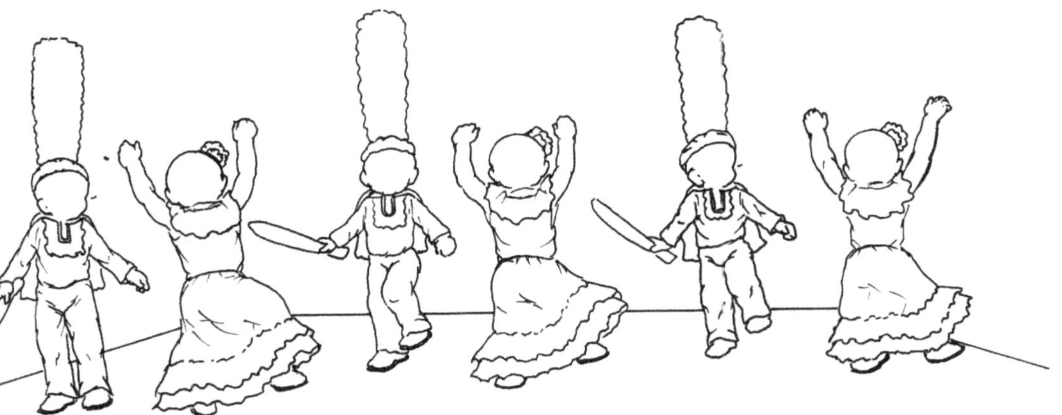

Cada niño le da una vuelta a su pareja con el machete en alto. Las niñas hacen lo mismo pero moviendo los brazos, arriba, abajo.

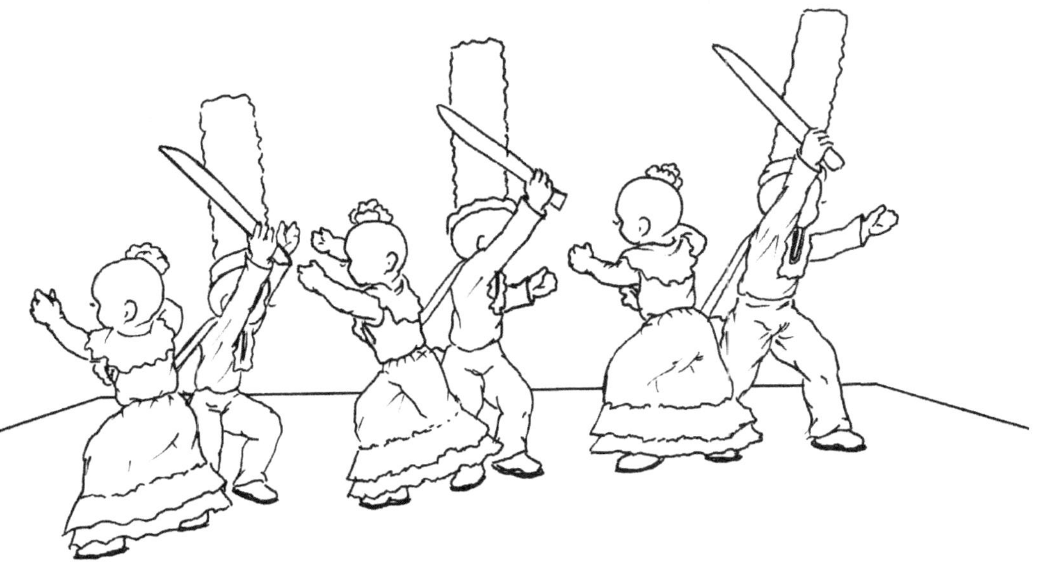

Se encuentran en diagonal, cada pareja en dos tiempos regresan al puesto.

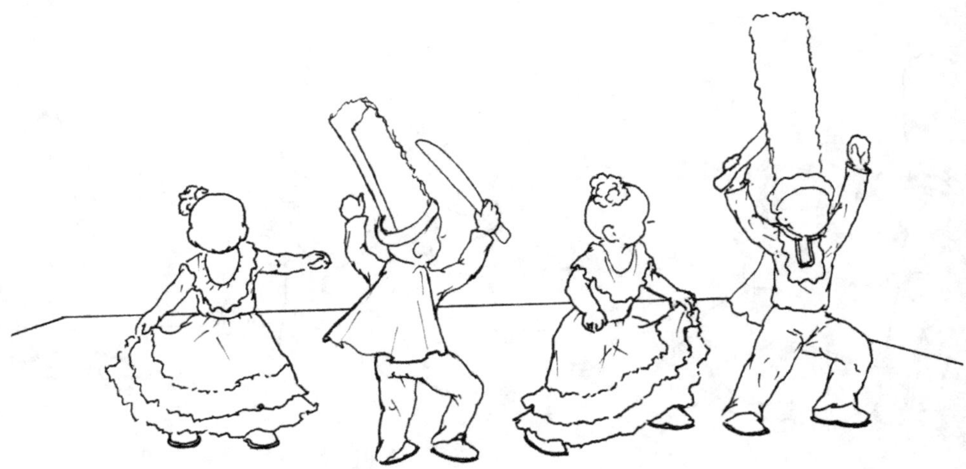

En fila dan una vuelta por el escenario y salen

## Integración pedagógica

Con el baile del congo se benefician las extremidades superiores e inferiores, el acople rítmico, la agilidad y la velocidad; también estimula la creatividad y la expresión corporal. Todos los conceptos de otras áreas los podemos reforzar con esta danza.

# Danzas
## recreativas

Danzas como la chichamaya, indios bravos, y el Sanjuanito entre otras, son danzas que se prestan para trabajar con los niños, debido a su contenido, forma y funcionalidad. Estas danzas son sencillas en su coreografía con pasos cortos y simples.

# La chichamaya

## Ubicación geográfica y origen

Esta danza pertenece a la península de la Guajira concretamente a la comunidad indígena Wayuu. Es una danza que la han heredado de generación en generación.

## Temática

El tema central es la celebración de la pubertad de la mujer Wayuu. Es un ritual donde se reúnen varias adolescentes con sus familiares, y amigos para escoger el futuro compañero.

## Integrantes

En esta danza pueden participar parejas entre los cuatro y seis años.

## Música

El acompañamiento musical se hace con un solo tambor llamado Yonna.

## Paso básico

El paso de rutina es un caminado menudo con pequeños saltos; la niña baila hacia adelante y es la que lleva la iniciativa en todo el baile. El niño baila con los brazos atrás y paso de galope (caballitos).

# Traje

El traje de la Chichamaya es la manta Guajira característica de esta región del país.

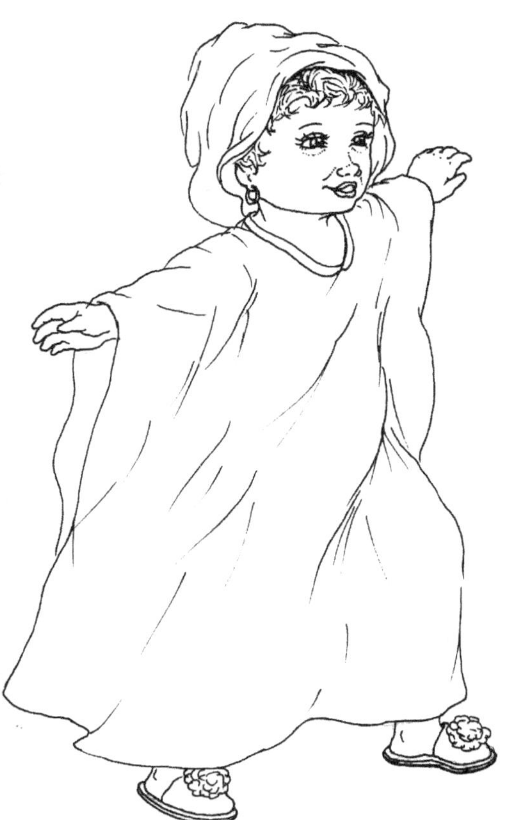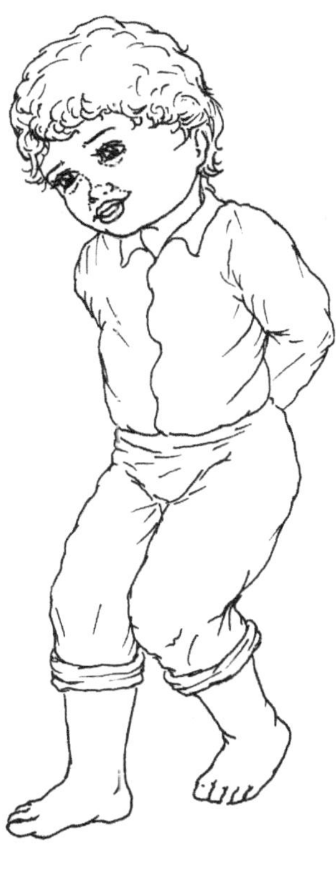

# Coreografía

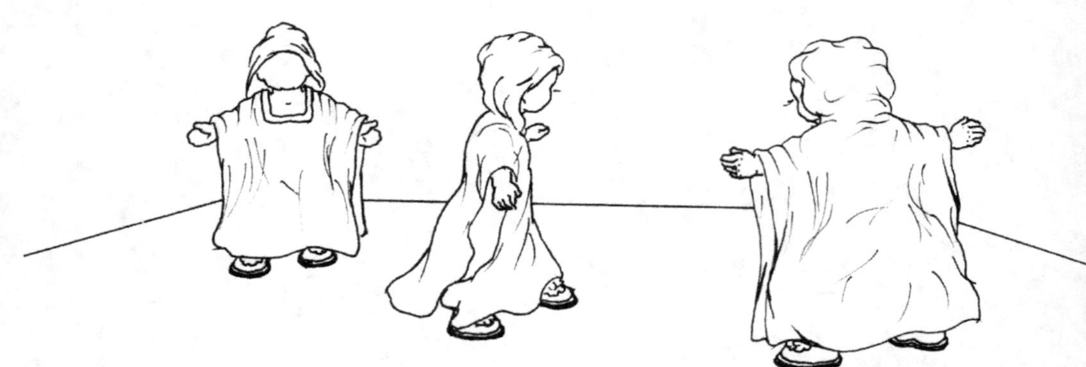

Salen las mujeres con los brazos extendidos y hacen un recorrido por todo el escenario.

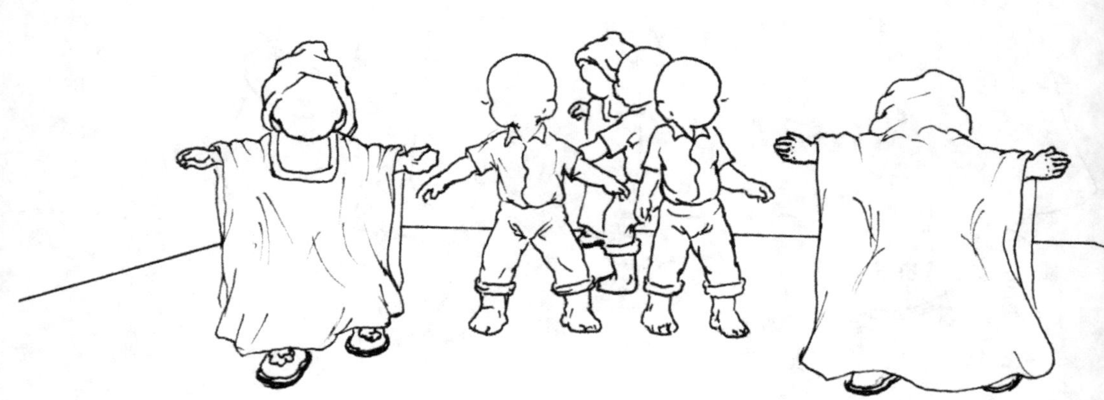

Pasan alrededor de los niños y los invitan a danzar.

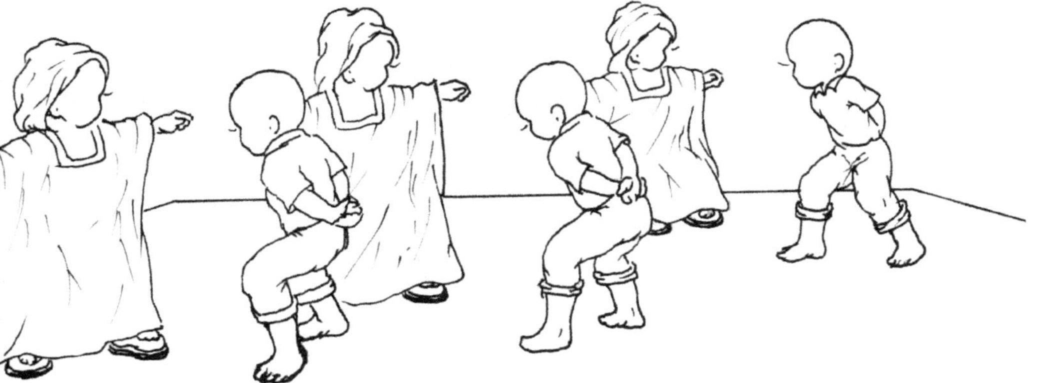

Hacen una fila horizontal y se desplazan en tres tiempos. El niño siempre de espaldas.

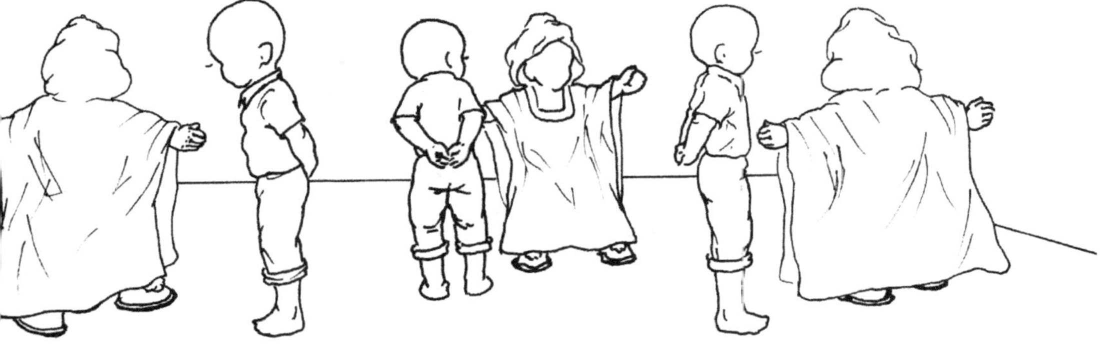

Forman un círculo y las niñas llevan a sus parejos al centro, dan una vuelta y se devuelven.

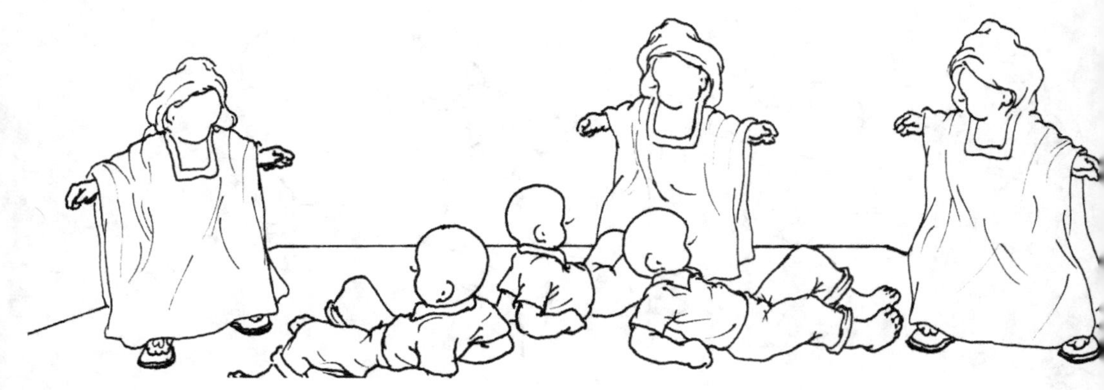

Las niñas se acercan a sus parejos les hacen zancadilla y caen suavemente al piso.

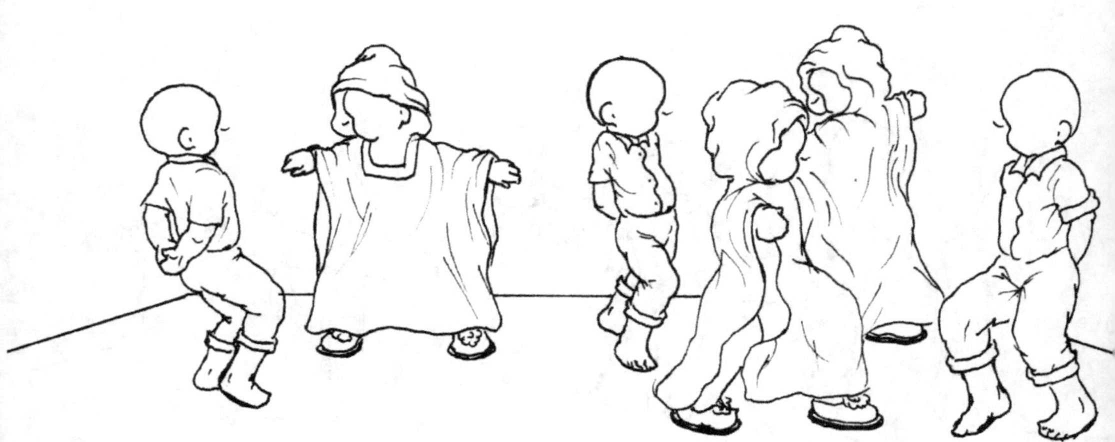

Se levantan del piso y continúan bailado por parejas por todo el escenario.

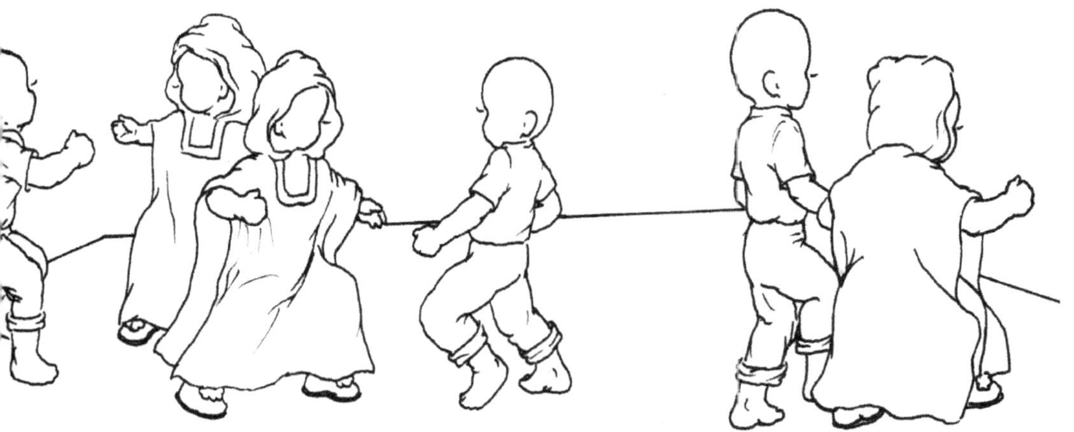

Intentan hacerles otra zancadilla pero no logran derribarlos. Ésto significa que son los escogidos

Salen en fila del escenario haciendo un recorrido amplio

## Integración pedagógica

Con esta danza el educador puede trabajar la sensibilidad rítmica, la creatividad, la espontaneidad, el grado de resistencia y la iniciativa personal de los niños.

Esta danza no tiene coreografía definida, facilitando la improvisación, dándole libertad a los niños para que desarrollen la imaginación y sus movimientos libres.

Las artes plásticas y escénicas pueden aplicarse con la puesta en escena de este ritual Wayuu. En general podemos reforzar cada una de las áreas con esta danza Guajira.

# Danza de los indios bravos

## Ubicación geográfica y origen

Esta danza es de origen caribe y pertenece a esta región.

## Temática

El tema básico es representar algunos aspectos de las costumbres ceremoniales de esta comunidad indígena. En su desfile se lucen los atuendos, vestuarios, accesorios, usos y costumbres de este grupo indígena.

Todo esto lo presentan por medio de una comparsa, casi siempre en dos hileras.

## Integrantes

Pueden representar esta danza parejas entre los cuatro y seis años de edad.

## Música

Siempre acompañada a ritmo de tambores y semilleros.

## Paso básico

El paso de rutina es saltado, con pasos menudos. Hacen figuras de cruce entre las filas, rondas, hileras, marchas y puentes o callejones.

# Traje

El vestuario es indígena donde cubren su cuerpo con pocas prendas y muchos adornos.

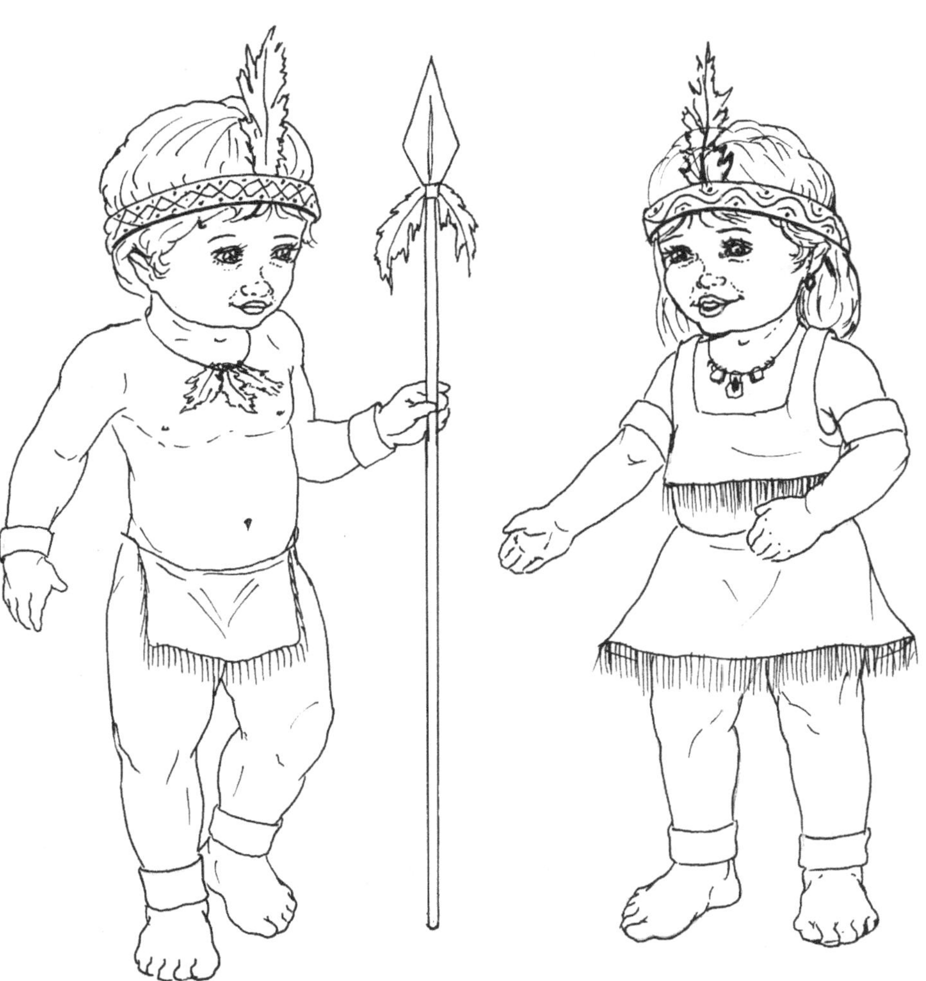

# Coreografía

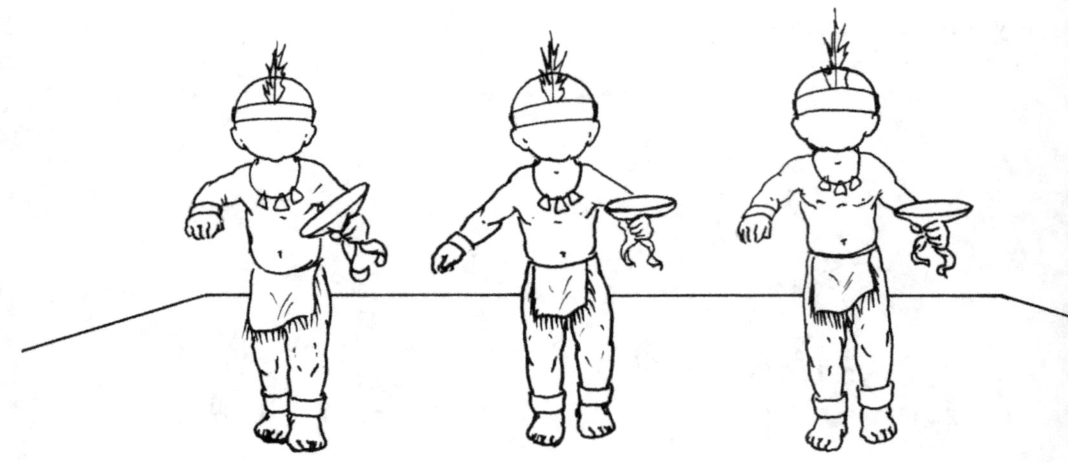

Entran al escenario los niños con el paso de rutina, en sus manos
llevan un semillero o sonajero.

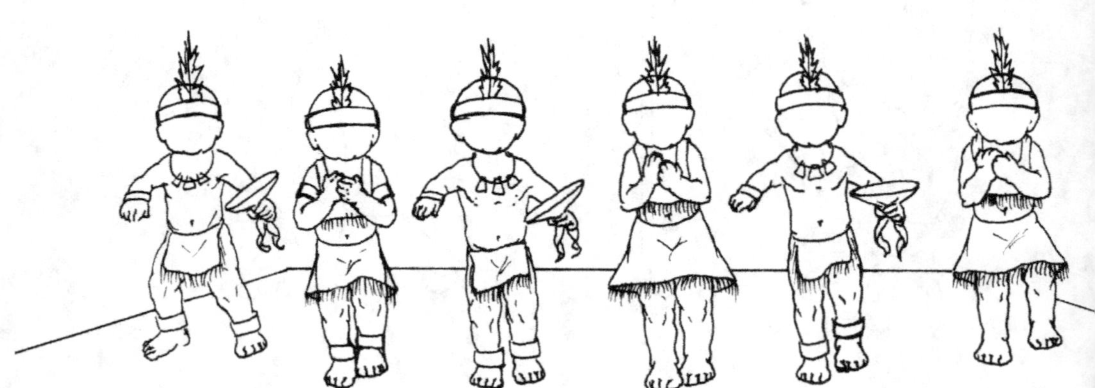

Entran los niños con los brazos cruzados sobre el pecho.

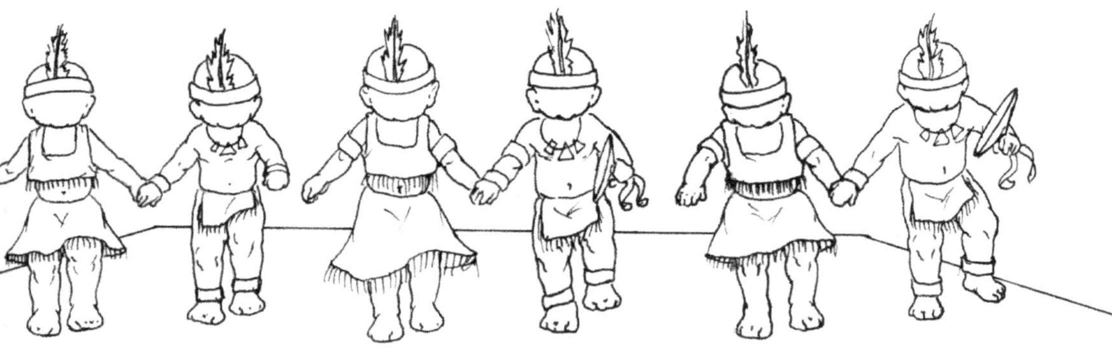

Se desplazan en dos tiempos con el paso básico.

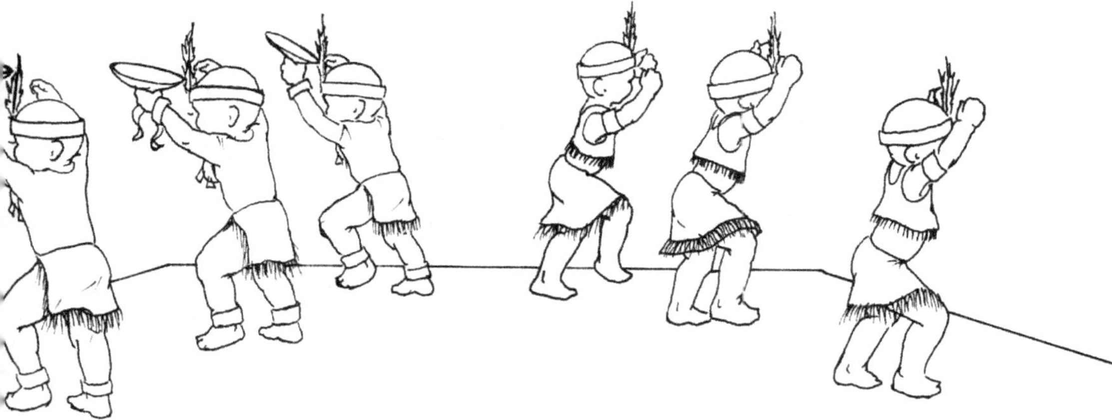

Bailar en cuatro tiempos, con los brazos en alto.

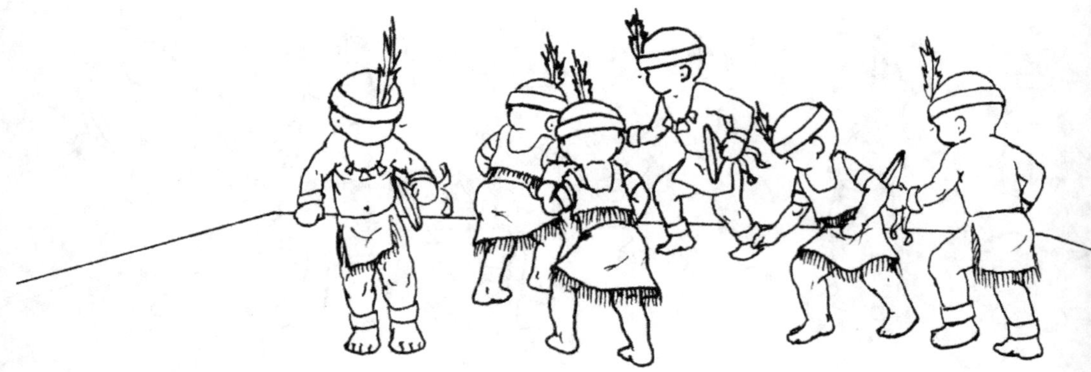

Forman dos círculos y giran en dirección de las flechas

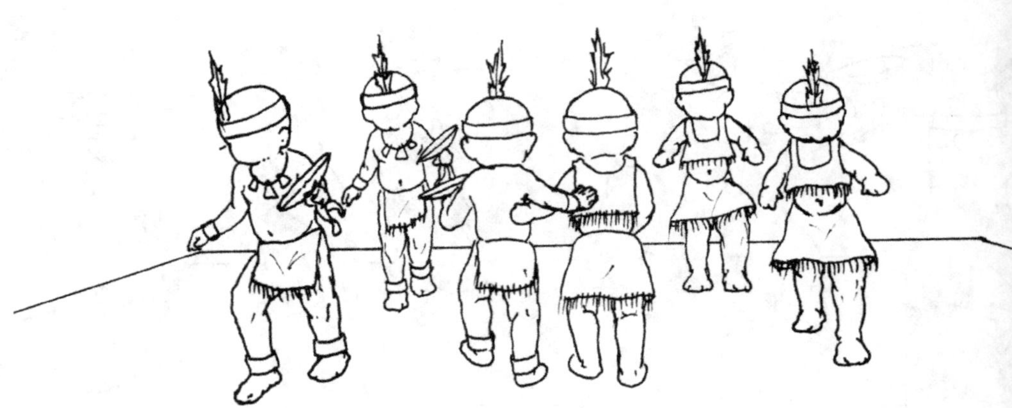

Realizan el callejón o puente.

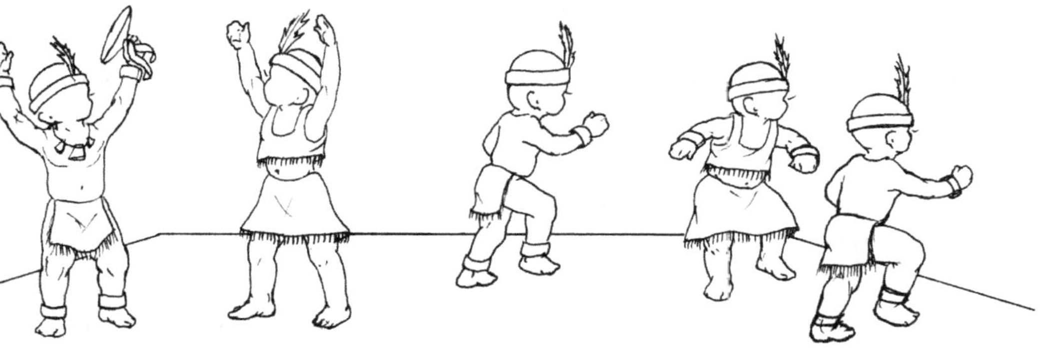

Levantan los brazos en alabanza al sol, dan una vuelta por el escenario van saliendo con paso de rutina.

## Integración pedagógica

Esta danza indígena se presta para trabajos de reflexión acerca de la población indígena como sus costumbres, mitos, leyendas, artesanías, etc. La parte escénica es ideal para trabajar en este baile.

También se desarrolla la creatividad en el momento de elaborar las máscaras, los collares, flechas y demás accesorios indígenas. En general el maestro encuentra en esta danza elementos para trabajar en cada una de las áreas del currículo de preescolar.

# El sanjuanito

## Ubicación geográfica y origen

Es muy poco lo que se conoce de este baile. Lo bailan en Nariño, Cauca y fronteras con el Ecuador. Sus raíces dicen los folclorólogos están en el vecino país del Ecuador.

## Temática

Danza festiva en la que el matrimonio ofrece a su hijo recién nacido a sus amigos más cercanos.

## Integrantes

Pueden participar parejas entre los cinco y seis años de edad.

## Música

Con ritmo de chirimía se ejecuta este baile.

## Paso básico

Con pasos menudos y galope o caballitos.

# Traje

El traje típico de la región de Nariño o Cauca, además lleva un muñeco la pareja central.

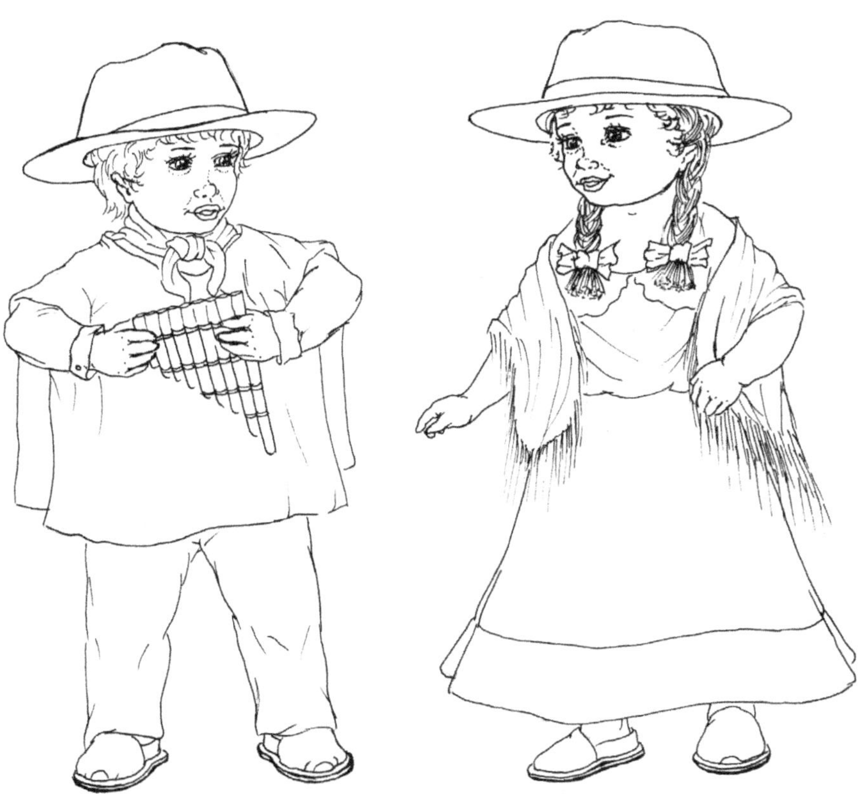

# Coreografía

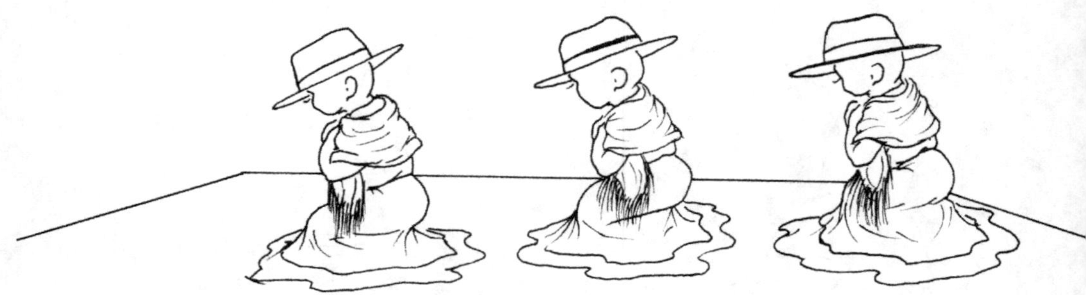

Entran los niños y se arrodillan en filahorizontal y mueven su cuerpo de lado a lado suavemente.

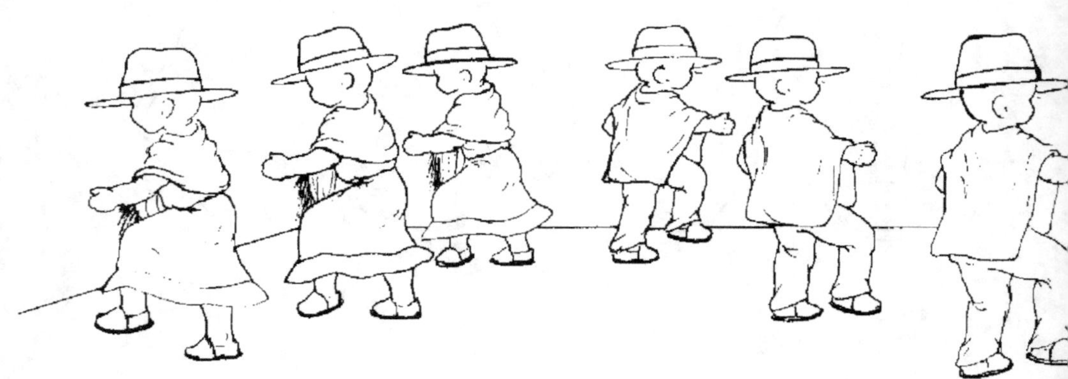

Entran los niños con su pañuelo blanco en la mano derecha. Se ubican detrás de su compañera.

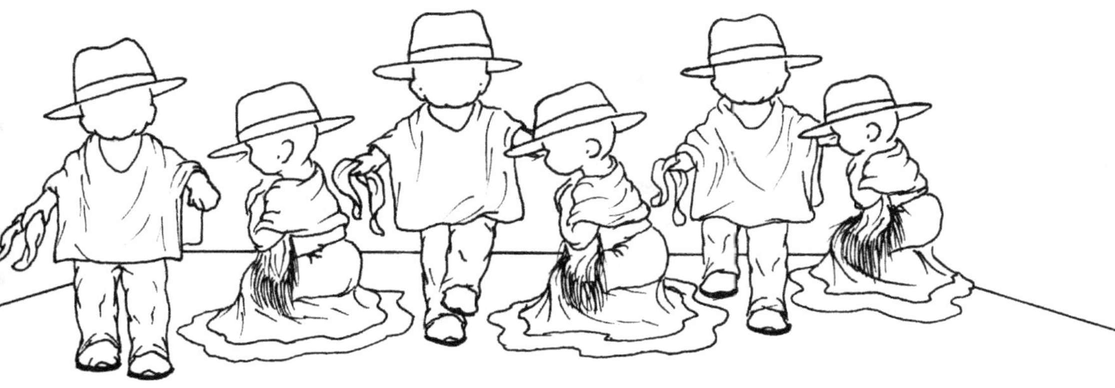

Se acercan los niños moviendo el pañuelo con paso de caballitos y regresan a sus puestos.

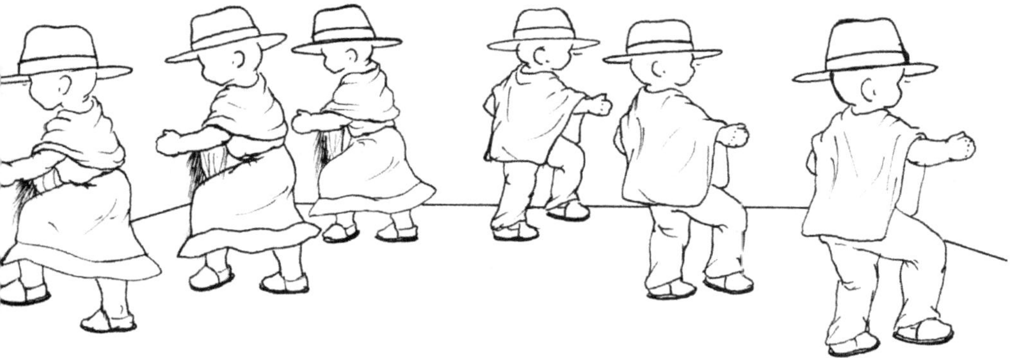

Se ubican en forma vertical, se desplazan en dos tiempos, dan una vuelta en el puesto y regresan.

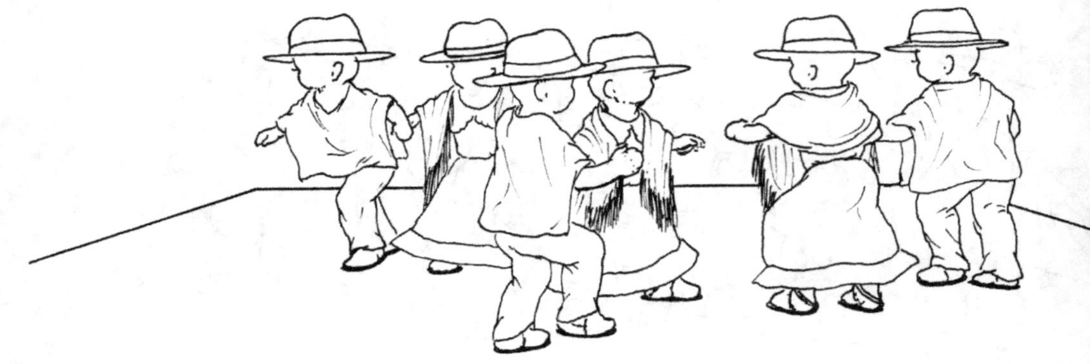

Forman un círculo amplio y dan una vuelta.

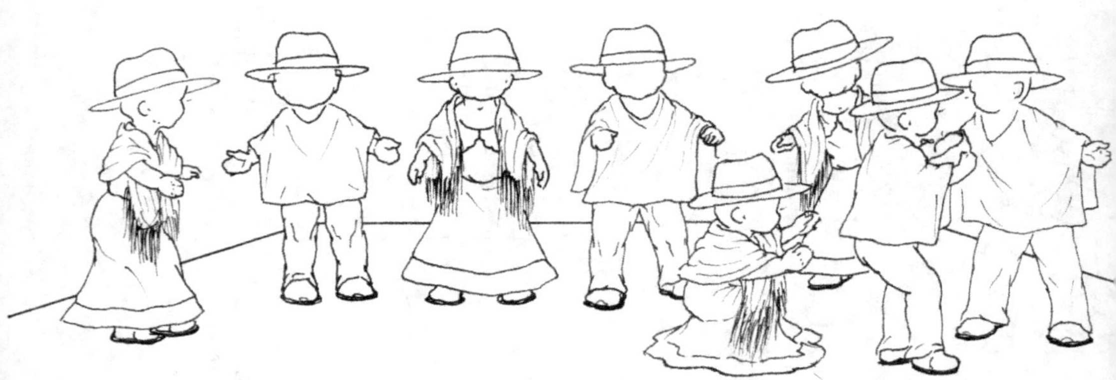

Entra la pareja con el muñeco en brazos y lo ofrece a cada amigo;
éstos lo miran le hacen cariñitos y el último regresa a entregarlo a
su pareja. Todos aplauden en dos tiempos en señal de alegría.

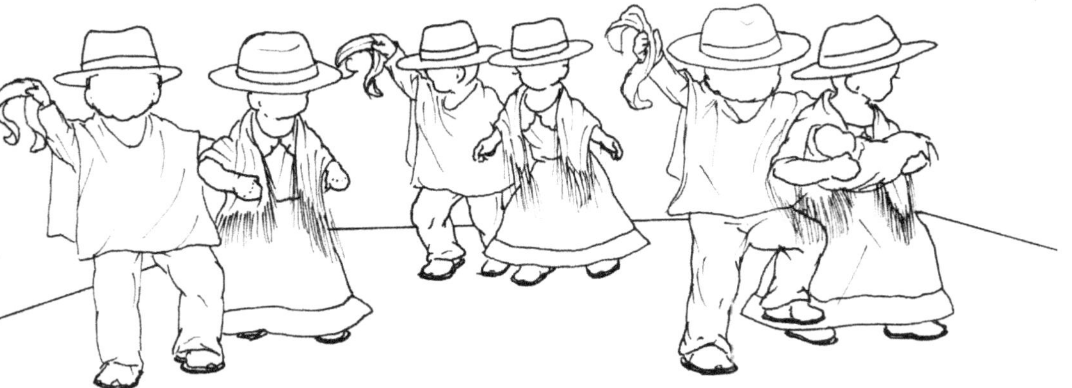

Hacen un recorrido por el escenario en parejas y van saliendo con los pañuelos en alto.

## Integración pedagógica

Con esta danza se puede trabajar lateralidad, coordinación y equilibrio. El tema del Bautismo se puede abordar, así como la creación, el nacimiento, las costumbres indígenas y el respeto que merecen todas las personas.

Se puede trabajar valores como la amistad, el respeto, el amor, la lealtad y la sinceridad entre otros. Los niños se identifican mucho con esta danza ya que a esta edad les encanta jugar al "papá y a la mamá".

# La copla

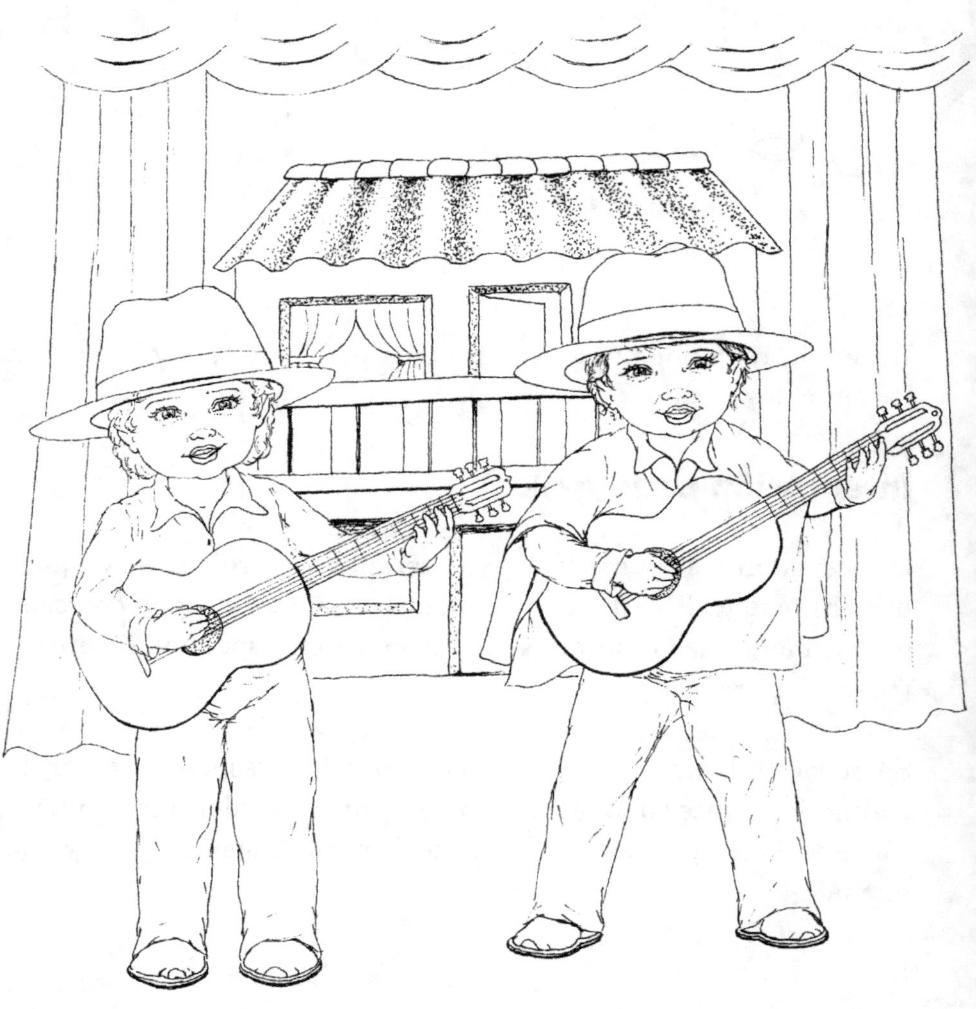

# Coplas

Algunas danzas las podemos acompañar de unas picarescas coplas bien sea en la parte inicial, central o final

Recordemos que la expresión en el niño se manifiesta de diferentes formas: mímica, llanto, gritos, dibujos, risas, poesías, canciones, rondas, juegos, cuentos y coplas del folclor colombiano.

Estas coplas se presentan a manera de ejemplo; el docente las puede adaptar o escoger de acuerdo a su creatividad o a la región a la que pertenezca la danza.

*Permiso pido señores*
*pa ponerme a coplar*
*pues si una falta cometo*
*me la deben perdonar.*

*¡Qué alegría!*
*Que gran placer*
*viva la vida*
*¡Ya sé leer!*

*Allá van los monos*
*por el rodadero; el*
*que va sin mona*
*es un majadero.*

*Venimos de santander*
*y somos santandereanos*
*si nos vienen a pegar*
*nosotros también pegamos.*

*A nadie tengo miedo*
*tan solo a un toro*
*pintado*
*que me tuvo toda*
*una tarde yo corriendo*
*y él sentado.*

*Con su gente laboriosa*
*Colombia crece y progresa*
*pues en sus ciudades*
*y campos se trabaja*
*sin pereza.*

*Morenito soy señora,*
*yo no niego mi color,*
*que entre rosas y azucenas,*
*lo moreno es lo mejor.*

*Adiós Popayán hermoso,*
*tierra de la picardía*
*adiós patojas del diablo*
*que yo volveré algún día.*

*La verdadera guabina*
*se baila en Chiquinquirá*
*a María santísima*
*patrona de Chiquinquirá.*

*Ora si ya me despido*
*me largo con mi cantar*
*cuando tenga más tiempito*
*aquí guelvo a molestar.*

# Taller
## para padres

Teniendo en cuenta que el desarrollo del niño debe ser integral y armónico, el docente con un poco de voluntad y creatividad puede organizar talleres con los padres de familia. Estas actividades facilitan la integración no solo con la familia sino con la comunidad educativa: padres, educadores e hijos.

La educación de un ser humano es ciertamente una misión muy delicada y difícil. Se requiere prudencia y tino más que cualquier otra cosa. En la danza encontramos el *pretexto* ideal para reunir a la familia y a la comunidad educativa.

Con un poco de entusiasmo y creatividad podemos organizar un taller de padres donde podamos confeccionar los trajes típicos, elaborar los accesorios, decorar las máscaras, la utilería y adecuar la escenografía.

Ésta será sin duda una actividad reconfortante que invita a reflexio nar, añorar y querer más a Colombia. Estas actividades siembran en nuestros corazones la semilla perdida de la fe en un mañana diferente y feliz.

## Taller 1

# Encuentro artístico

### Objetivos

- Buscar la integración entre padres de familia.

- Propiciar un encuentro familiar para desarrollar la creatividad y despertar la sensibilidad.

### Ambientación

a.  Previamente, se preparan tarjetas con instrumentos musicales teniendo cuidado que por cada instrumento se elaboren dos fichas

b.  Se reparten las tarjetas buscando que de cada instrumento queden las dos fichas repartidas en todo el grupo y se puedan formar parejas.

c.  Se coloca música moderna de tipo folclórico como Lucho Bermúdez, Moisés Angulo, etc. Se les invita a bailar y cuando pare la música todos corren a buscar la otra pareja que tiene su mismo dibujo en la tarjeta.

d.  Habrá una persona que no encuentre a su pareja entonces a este papá o mamá se le coloca una penitencia sencilla: como decir una poesía que le haya escuchado a su hijo, o cantar, etc.

e.  Con la persona que le correspondió, debe dialogar teniendo en cuenta estos puntos:
    - Nombre
    - Ocupación

Esta última parte de la actividad de ambientación es fundamental ya que pueden conocerse entre padres y saber algo más de los padres de los niños del curso de su hijo.

**Presentación del tema**

En este taller se compartirán experiencias y se realizará el vestuario con los atuendos, adornos, traje y utilería de la danza los matachines.

**Elementos**

* Un pantalón en deshuso
* Una camisa en deshuso
* Un palo de escoba
* Un globo para inflar (bomba
* Vinilos de diferentes colores
* Retazos de tela cortados en flecos de veinte cm. de larg
* Hilo, aguja de coser y tijeras
* Estos materiales se solicitan con anticipación.

**Trabajo de grupo**

* En cada mesa se ubican cuatro padres de familia para comenzar a desarrollar el taller. Todos van pegando los flecos, otros cortando, enhebrando la aguja, en fin cada uno asume una responsabilidad, hasta terminarla.
* Se pinta el palo con diferentes motivos o decorados, de acuerdo al gusto y creatividad de cada pareja. Lo importante es que no haya uniformidad entre cada traje.
* Se inflan los globos y se busca la manera de amarrarlos al palo en la parte superior.

**Plenaria**

Una vez terminada esta actividad todos los padres hacen una breve exposición.

**Conclusión y compromiso**

- Voluntariamente los padres comentan la experiencia que vivieron al realizar esta actividad. Este taller se puede acompañar con música Colombiana como ambientación.

**Evaluación**

Cada pareja resume en una frase como le pareció el taller.

Despedida e invitación para el próximo taller (fecha, hora, lugar y tema).

*Tema:* Elaboración de máscaras sobre el rostro de cada niño, empleando la técnica que desee cada padre.

*Materiales:* Yeso, algodón, crema, vinilos, pinceles y tijeras (o los materiales de acuerdo a la técnica).

Este segundo taller es muy enriquecedor en todo aspecto; pero especialmente en lo afectivo; pues el niño siente que sus padres lo quieren y que le dedican tiempo para compartir actividades pedagógicas y recreativas.

A manera de sugerencia el maestro puede escribir en un sitio visible frases llamativas y de contenido profundo, donde invite al padre de familia a reflexionar

*Sabes hijo, nunca he tenido tiempo para jugar contigo.*

*Encontré tiempo para todo, menos para verte crecer.*

*Nota:* Al finalizar el taller se puede entregar algún mensaje (ver anexo).

# Actividades complementarias de integración

Es necesario una cuidadosa organización y planeación de la clase, evitando la improvisación y disponiendo oportunamente de los elementos y accesorios de trabajo.

Para motivar al niño y lograr fijar su atención es importante preparar actividades que lleven al niño a desarrollar su imaginación y creatividad. Actividades que sirven como complemento para cada sesión de danzas en la parte teórica y práctica; además como refuerzo de las demás áreas del currículo de preescolar.

## Actividad 1

## ¿Existen personas diferentes a mí?

### Actividades sugeridas

- Hablar de las diferentes razas que hay entre los seres humanos, enseñarles sus nombres y el origen de nuestro folclor.

- Explicarles por qué son de diferente color, y a qué región pertenecen cada uno.

- Puedes jugar con los niños a representar las diferentes razas.

- Pídeles que unan con una línea las caras de los niños de arriba con su silueta correspondiente.

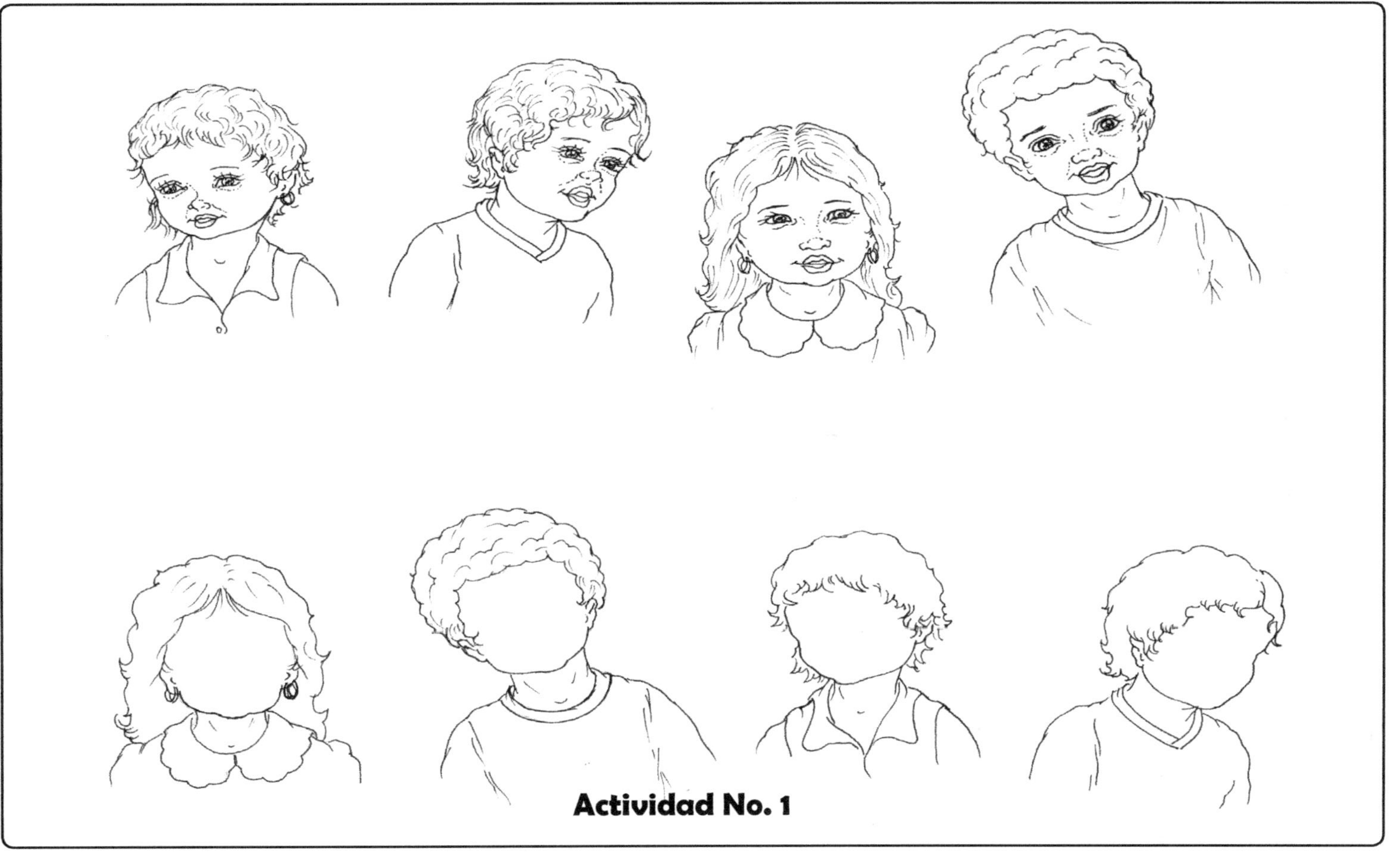

Actividad No. 1

## Actividad 2

# Identifiquemos el sonido de las cosas

### Actividades sugeridas

- Mostrar cada uno de los dibujos de la lámina, para que los reconozcan.

- Animarlos a repetir:

  — La campana: Ding dong, ding dong
  — La trompeta: Ta ta ta
  — El tambor: Bom bom bom
  — El reloj: Tic - tac tic - tac

- Comentarles que la danza necesita de los instrumentos musicales para su completa ejecución.

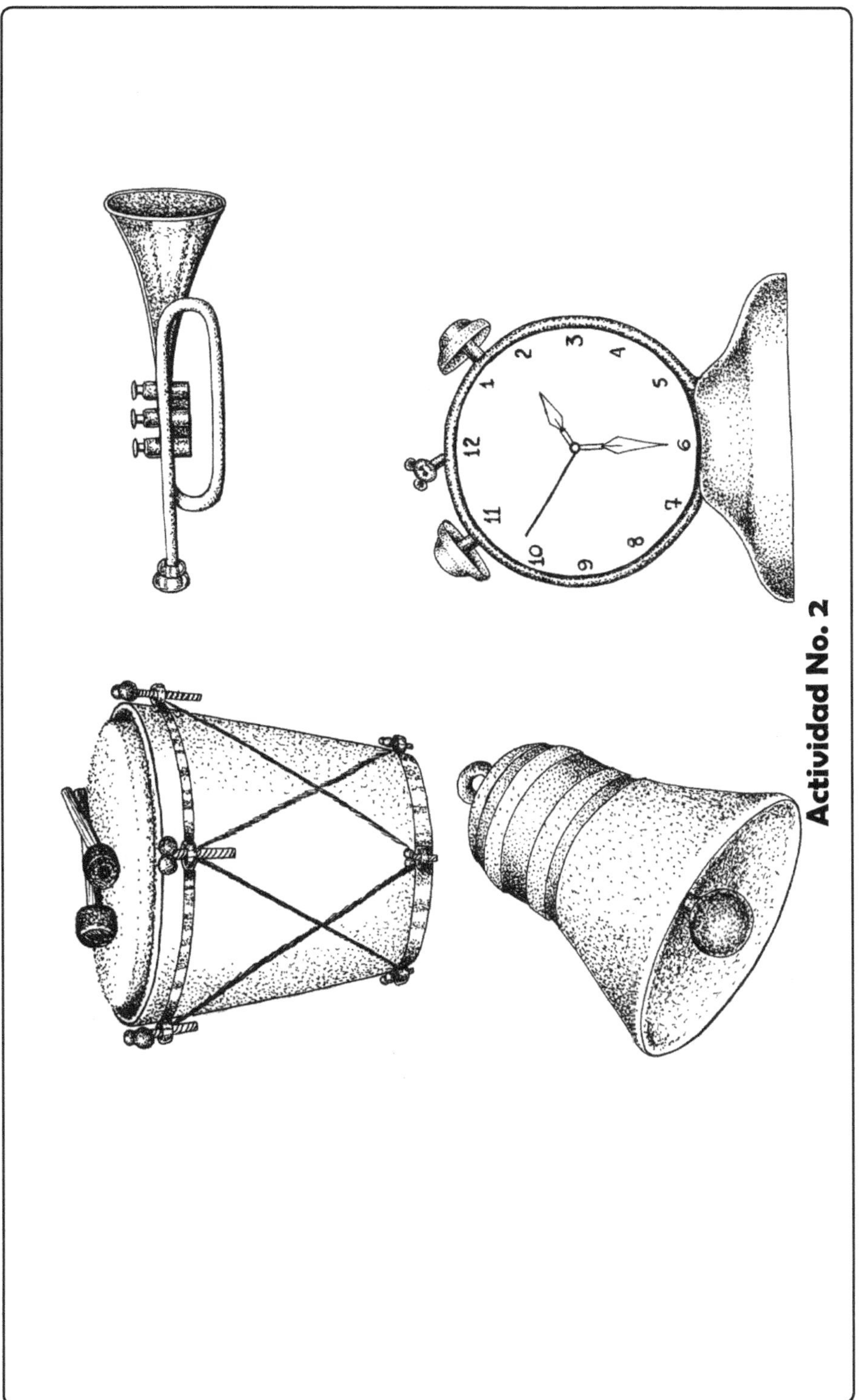

**Actividad No. 2**

## Actividad 3

# Juguemos con los brazos

## Actividades sugeridas

- Buscar que los niños imiten los movimientos de los personajes de la lámina.

- Aprovechar el tema para hablarles de la necesidad de hacer ejercicio para practicar mejor la danza.

- Colorear los dibujos.

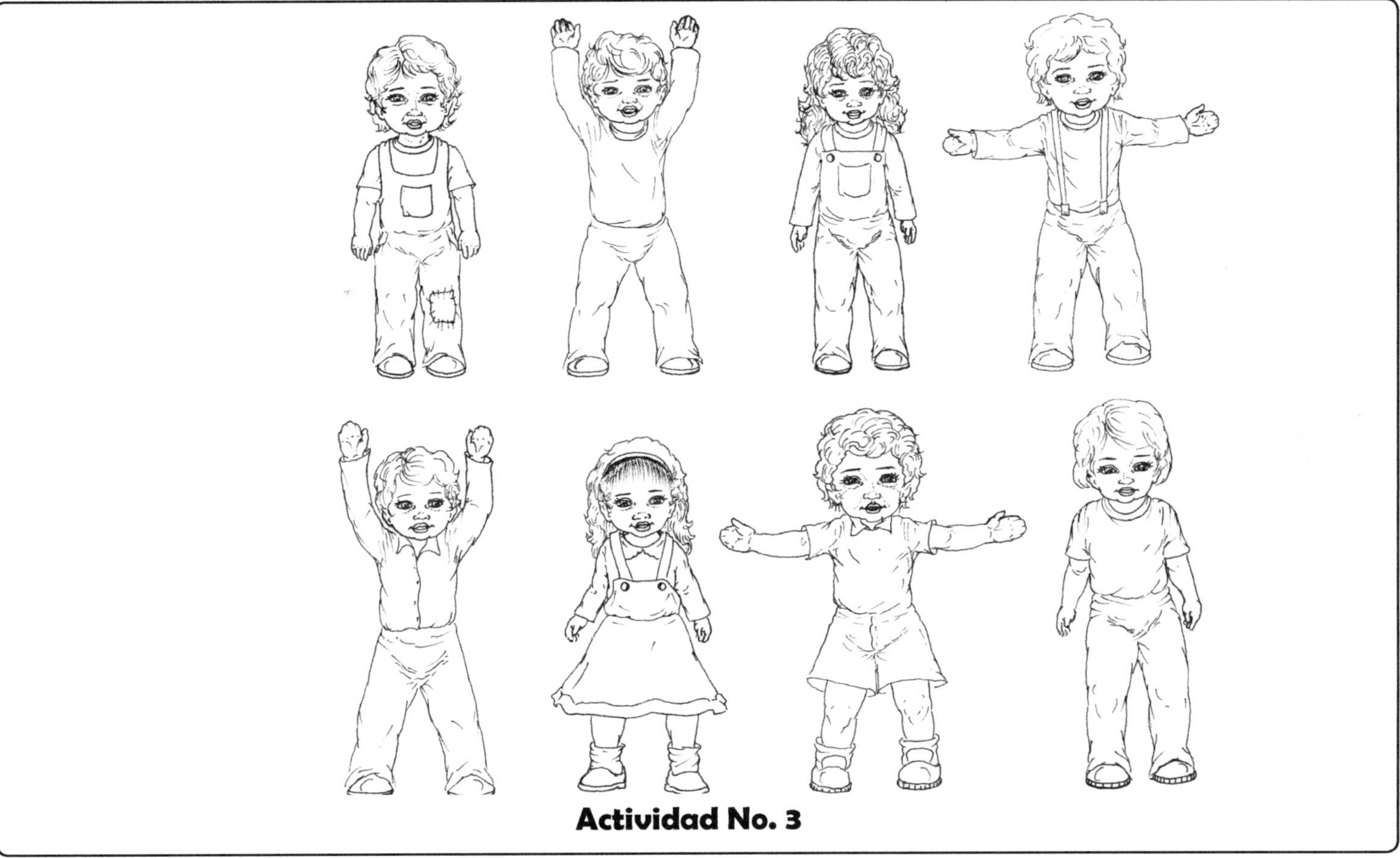
Actividad No. 3

## Actividad 4

# Coloreemos la gente de nuestro país

## Actividades sugeridas

- Colorear libremente cada uno de los dibujos.

- Aprovechar el tema para hablarles de los trajes típicos, de cada región.

- Con arcilla moldear los accesorios que se encuentran en la lámina.

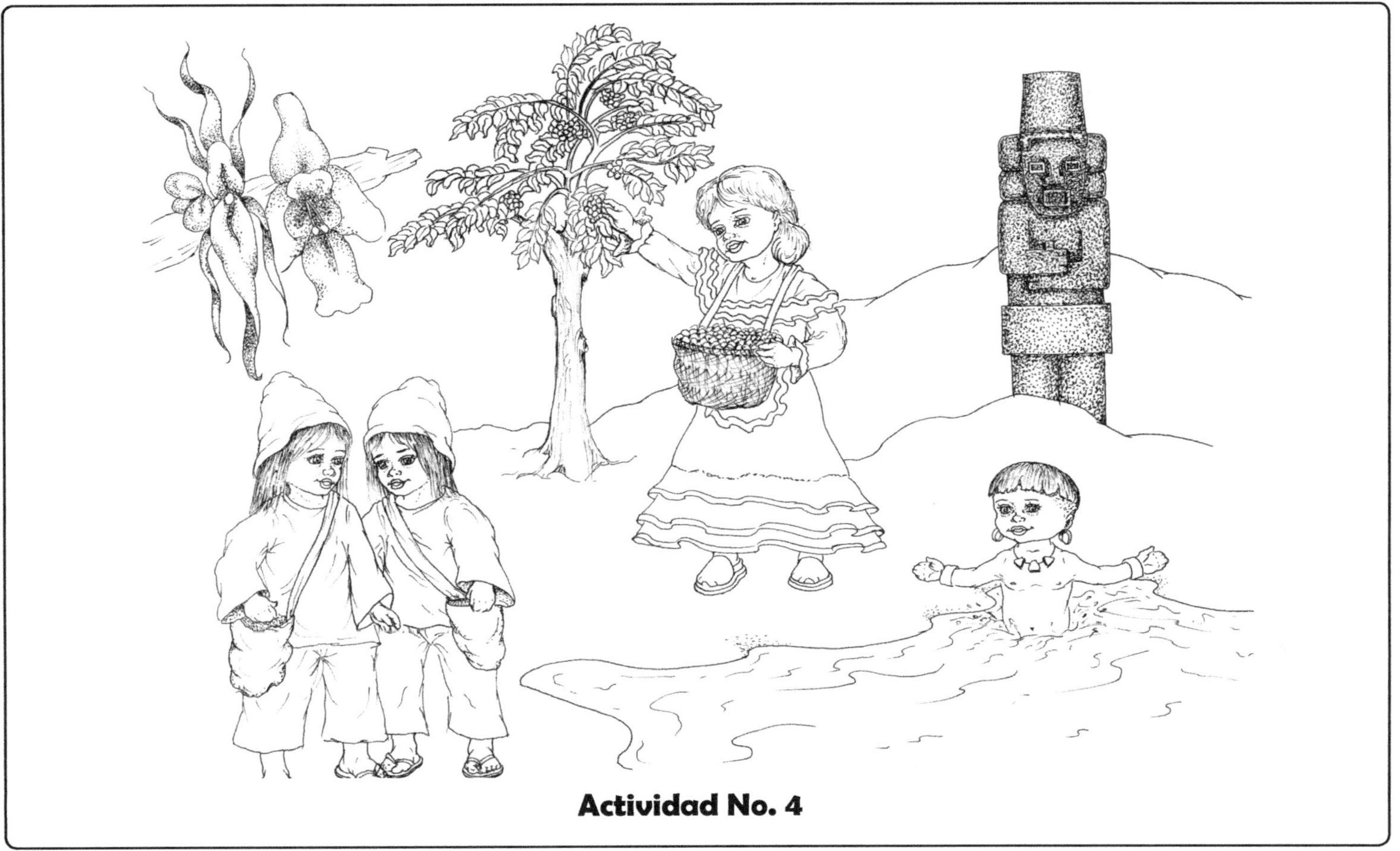

Actividad No. 4

## Actividad 5

# Conozcamos los órganos de los sentidos

### Actividades sugeridas

- Hablarles sobre los sentidos, su importancia y cuidado.

- Jugar al reconocimiento de las cosas utilizando los órganos de los sentidos. Con los ojos vendados.

- Colorear libremente.

- Comentarles acerca de la importancia que tiene cada órgano de los sentidos para el aprendizaje de la danza.

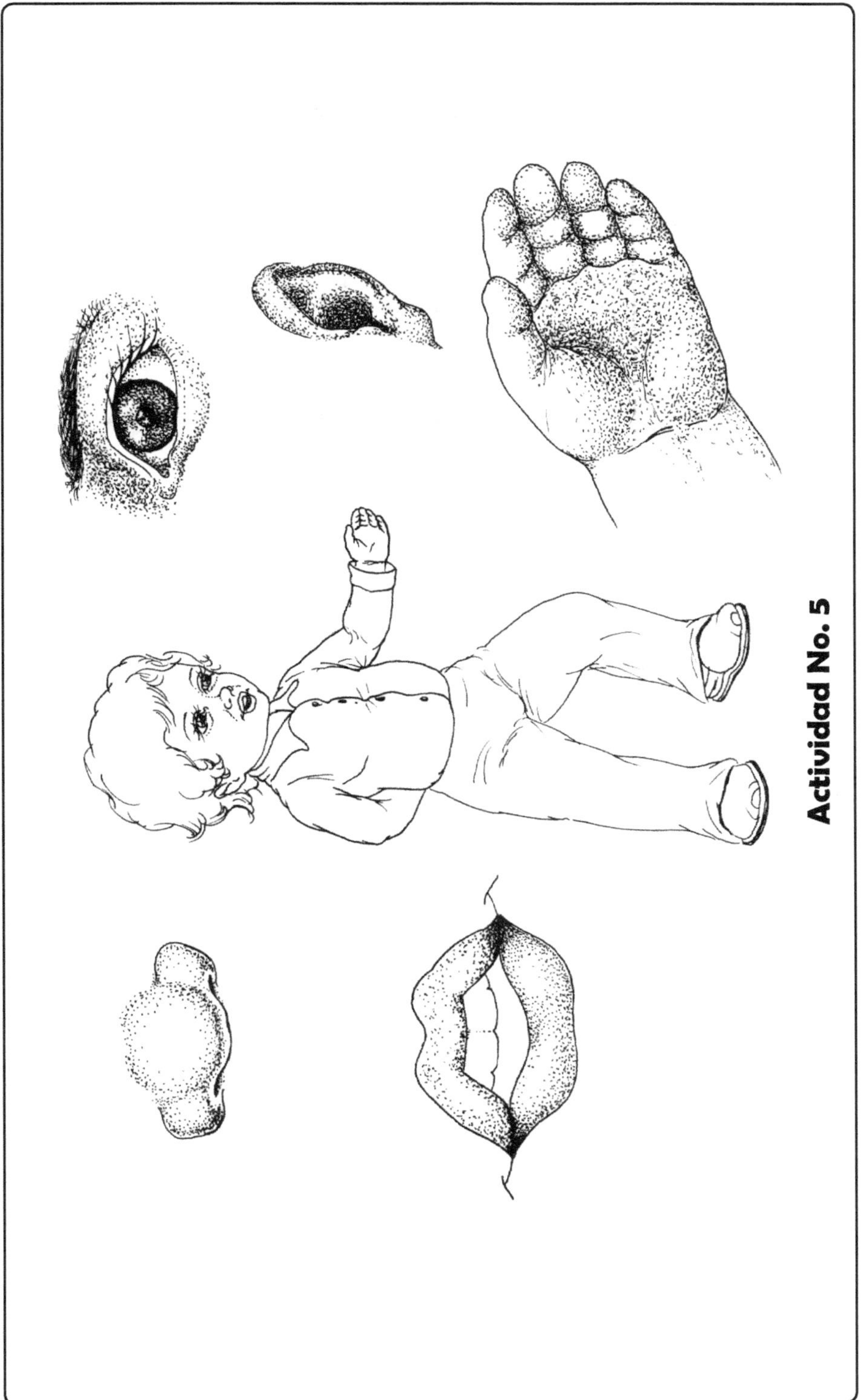
Actividad No. 5

## Actividad 6

# ¿De quién es cada sombrero?

## Actividades sugeridas

- Hablarles de los atuendos que lleva cada traje típico según la región folclórica.

- Recortar y pegar los sombreros en las cabezas correspondientes.

- Señalar con una X cuál es el más alto.

- Dibujar otros sombreros.

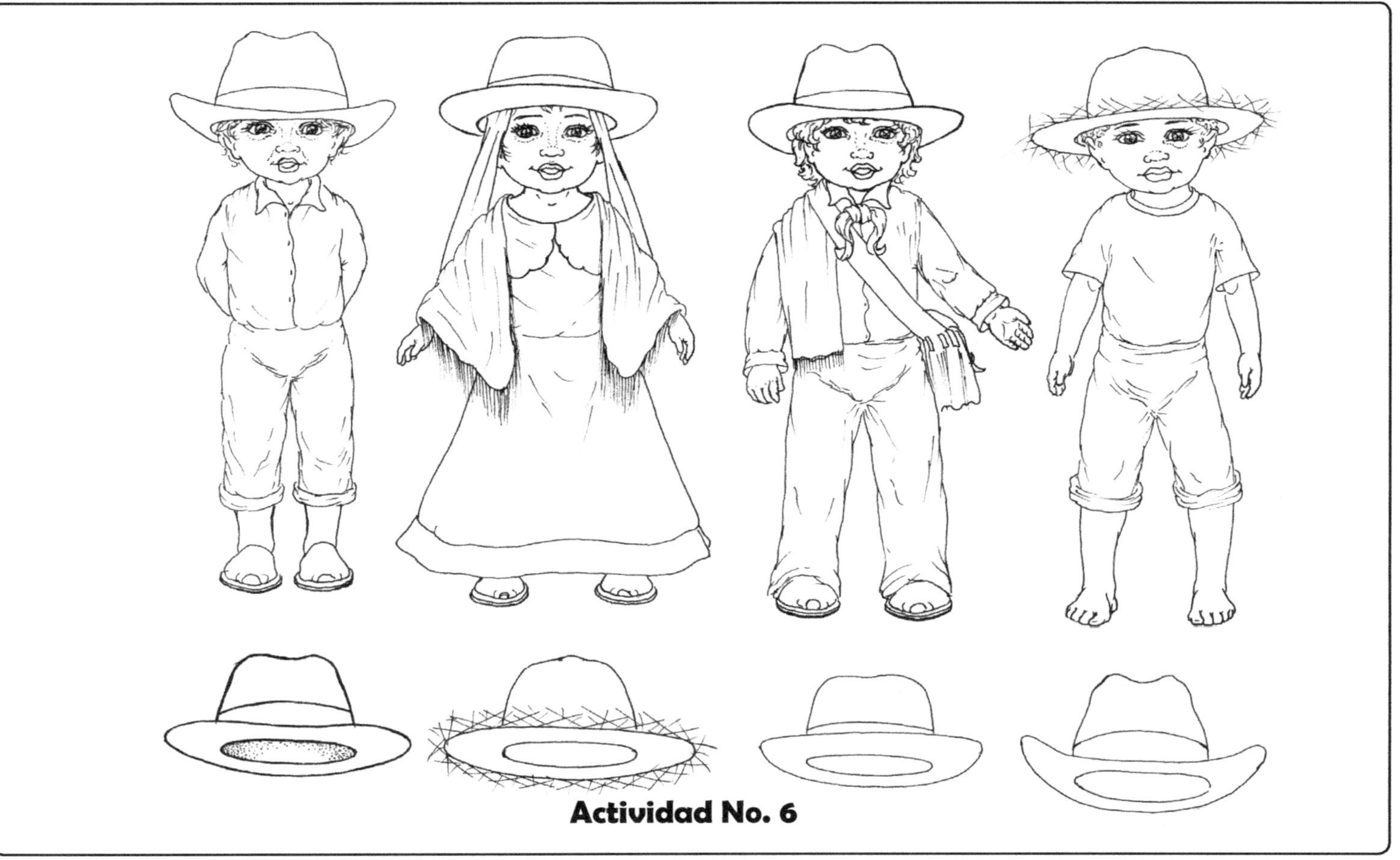
Actividad No. 6

## Actividad 7

# Vistamos nuestro cuerpo

## Actividades sugeridas

- Colorear el traje típico, recortarlo y pegarlo sobre el cuerpo de la niña. Pegar lana sobre el cabello de la figura

- Hablar acerca de la buena presentación personal.

- Recordar sobre la higiene.

- Hablar del aseo personal.

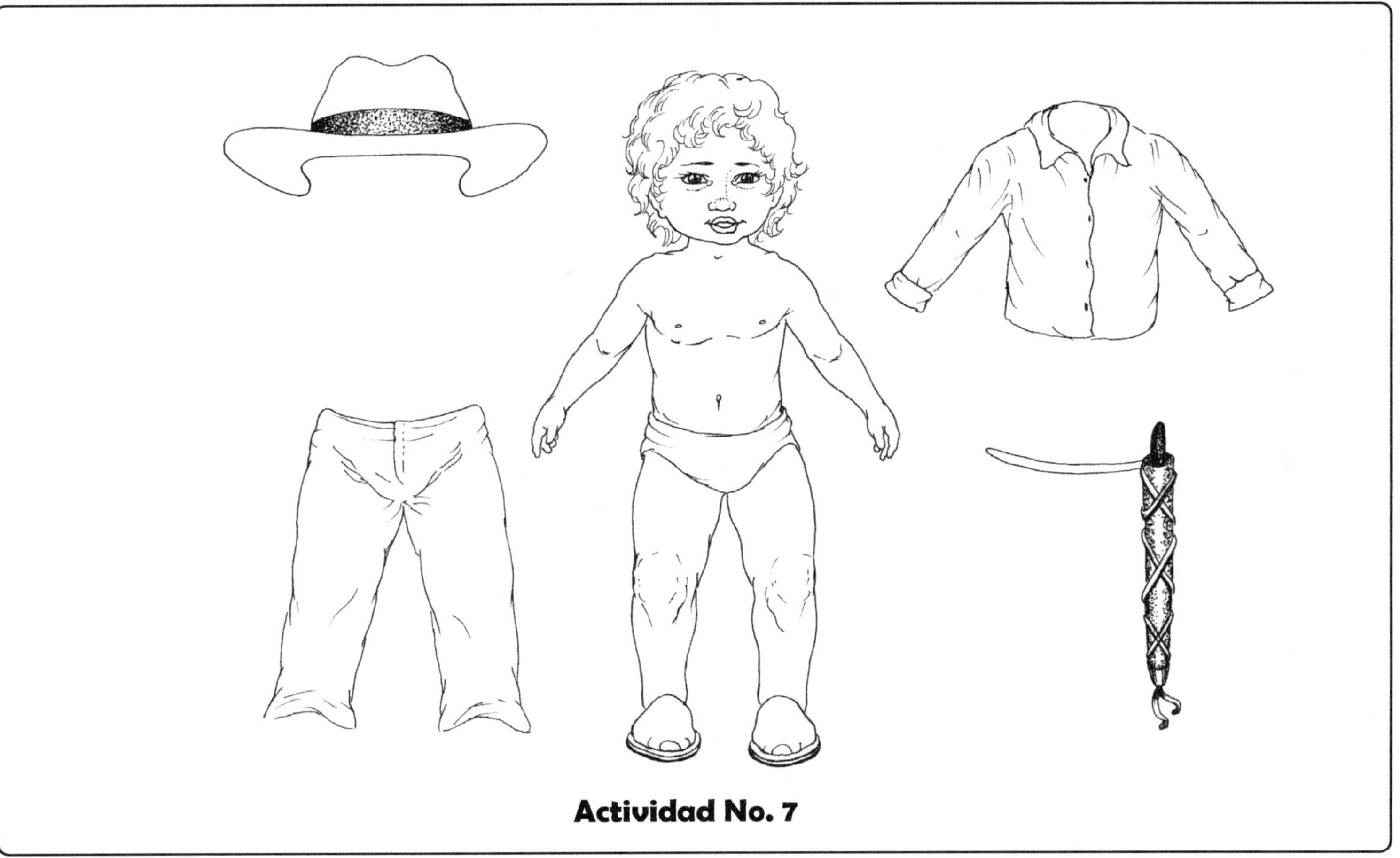
Actividad No. 7

## Actividad 8

# Hagamos instrumentos musicales

### Actividades sugeridas

- *Maracas:* Pueden ser hechas con pimpones, semillas secas y palos.

- *Guaza o alfandoque*: Tubo de p.v.c. de 30 a 40 cms. de largo por 6 a 8 cms. de diámetro, en el interior se introducen semillas secas o piedrecitas.

- *Tambor:* Con tarro de lata vacía, al que se fija un parche de piel o plástico y se amarra un cordón.

- *Sonajero:* Puede ser elaborado con tapas de gaseosa y un alambre.

- Comentarles de la importancia que tienen los instrumentos en la interpretación de los diferentes ritmos folclóricos que acompañan nuestras danzas.

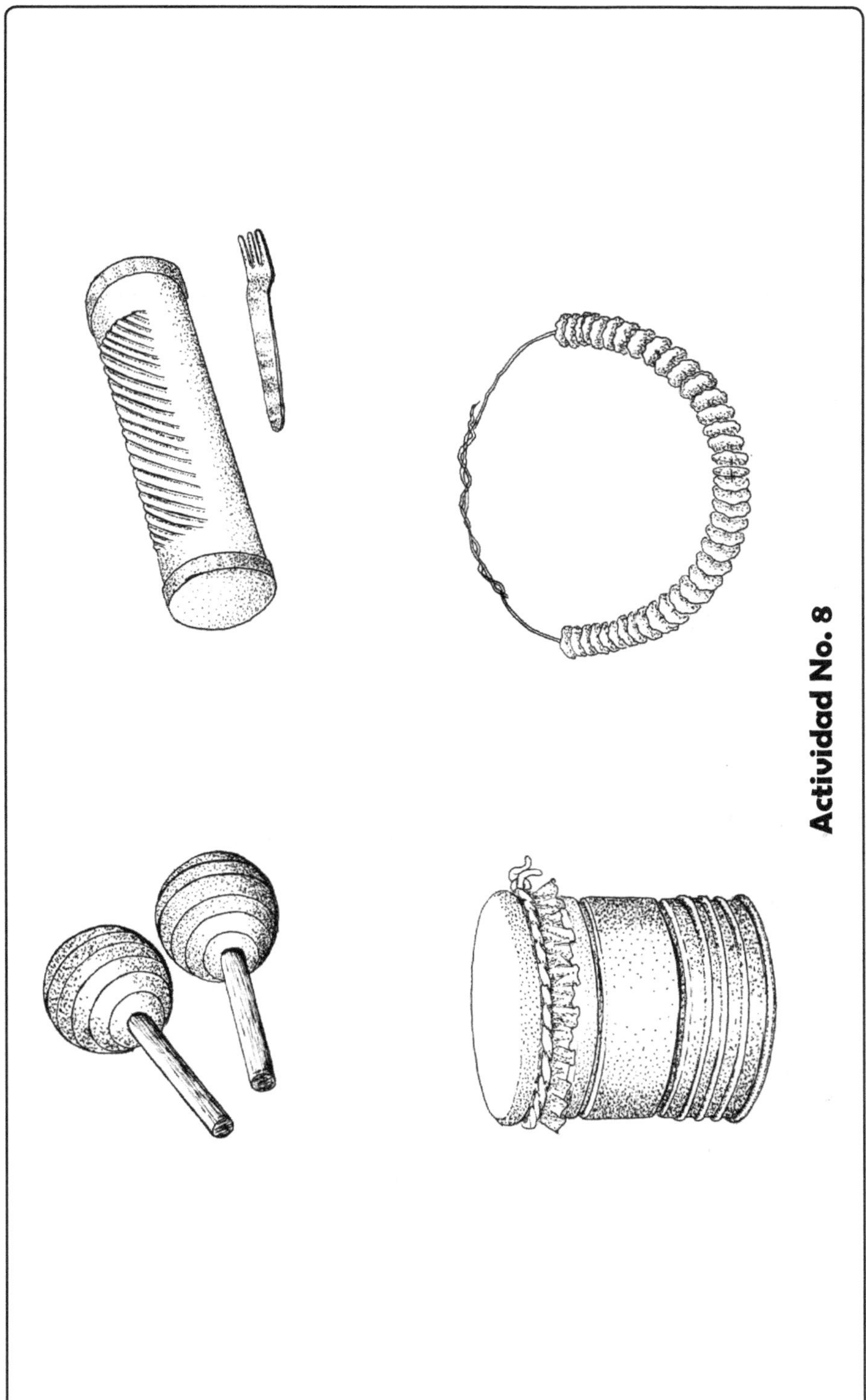
Actividad No. 8

# Rondas

## Canción de cuna

Duerme, vida mía,
duerme sin pena,
porque al pie de la cuna
tu madre vela.
Pajarito que cantas
en la laguna,
no despiertes al niño
que esta en la cuna.

*Gabriela Mistral*

## Tengo una casita

Tengo una casita
hecha de cartón
con sus dos alcobas,
sala y comedor.
También tiene baño,
cocina y jardín,
yo siempre la cuido
y vivo feliz

*Popular*

## Los sentidos

Niños vamos a cantar
una bonita canción,
yo te voy a preguntar,
tú me vas a responder.
¿Los ojos para qué son?
Los ojos son para ver
¿Y el tacto? para tocar
¿Y el oído? para oír
¿Y el gusto? para gustar
¿Y el olfato? para oler

*Amado Nervo*

## La señora luna

La señora luna
le pidió al naranjo
un vestido verde
y un velillo blanco.
La señora luna
se quiere casar
con un pajarito
de la casa real.

*Juana de Ibarbourou*

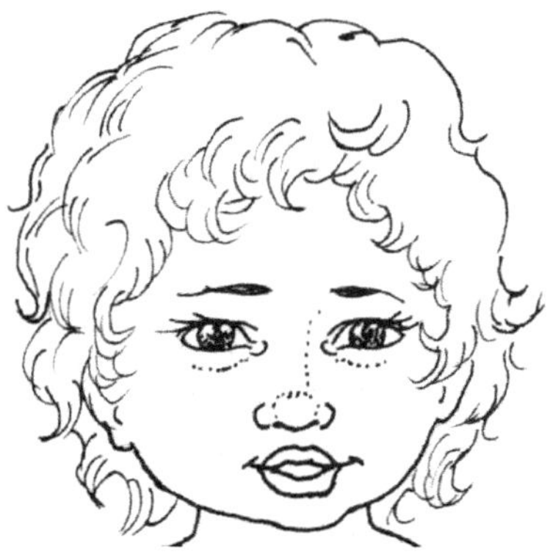

## Mi cara

En mi cara redondita
tengo ojos y nariz
y también una boquita
para cantar y sonreir.
Con mis ojos veo todo,
con mi nariz hago ¡atchiz !
con mi boca saboreo
ricos copos de maíz.

*Versión Colombiana*

## Dicen que...

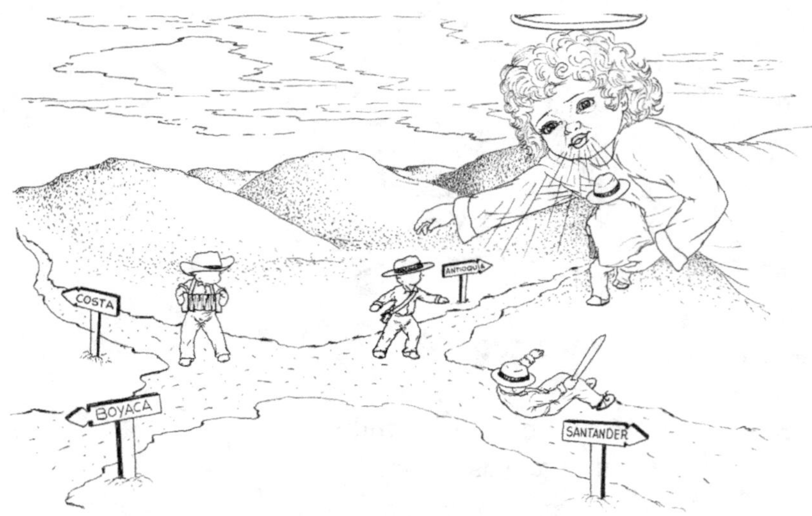


Dicen que cuando Dios quiso crear a los colombianos construyó un muñequito pequeñito, morenito, le puso una ruana y lo sopló. El hombrecito se arrodilló y dijo: "bendito y alabado..." Dios le dijo: vete a Boyacá y así creó al boyacense. Luego hizo un muñeco delgado, le puso un morral al hombro y sopló. El muñequito se volvió ante su Creador y le dijo: "oye, paisa, ¿hacemos algún negocito?" Dios le dijo: vete para Antioquia, y así creó a los antioqueños. Luego hizo otro muñeco fuerte, le puso un machete a la cintura y sopló. Pero lo sopló tan fuerte que el muñeco se cayó. El muñequito se levantó pálido de la ira y sacando el machete gritó: "¿quién fue ese atrevido que me empujó?" Dios le dijo: vete a luchar por Santander. Y así quedó creado el primer santandereano.

Más tarde formó otro muñequito muy alegre, le puso una pantaloneta y entregó en sus manos un acordeón y lo sopló. El muñeco se volvió ante Dios y le dijo: "¿oye, vamo a comé pecao?" Dios le contestó: vete para la costa. Así creó a los costeños. Y por último, tomó otra bola de barro y formó otro muñeco, lo abrigó bastante y lo sopló. El muñeco se volvió ante el Creador y le dijo: "ala, su mercecita, ¿quieres que subamos a Monserrate a comer ajiaco?" Dios le dijo: vete para la Sabana de Bogotá, y así creó a los bogotanos. Y colorín, colorado...

# Bibliografía

ABADÍA MORALES, Guillermo. *Compendio general del folclore colombiano*. Bogotá: Biblioteca Banco Popular. Vol. 112. 1993

CORPORACIÓN BALLET DE COLOMBIA. *Trajes regionales de Colombia*. Bogotá, Litografía Arco, 1972

COSTE J. *Las 50 palabras claves de la sicomotricidad*. Ed. Médica Técnica, Barcelona, 1979

CERDA G. HUGO. *Educación preescolar*. Cooperativa Editorial Magisterio 1996

CURRÍCULO DE PREESCOLAR. Documento No. 2 Bogotá, 1987

______________. *Educación física para el nivel de preescolar*. Bogotá 1984

______________. *El folclor de Colombia*. Bogotá, Arte estudio Editores, 1968

LIFAR, Sergio. *La danza*. Buenos Aires, Ediciones S–XX, 1957

LONDOÑO, Alberto. *Danzas colombianas*. Medellín, Universidad de Antioquia, 1988

MARULANDA MORALES, Octavio. *El folclor de Colombia*. Bogotá, Arte estudio Editores, 1984

NUNES DE ALMEIDA, Paulo. *Educación lúdica. Técnicas y juegos pedagógicos*. Ediciones Loyola. San Paulo Brasil 1987

STOKES, Patricia. *La expresión corporal y el niño*. Buenos Aires. 1968

OCAMPO LÓPEZ, Javier. *Música y folclor de Colombia*. Bogotá, Plaza y Janes, 1988

TORNER, Eduardo. *El folclor en la escuela*. Buenos Aires, Editorial Lozada, 1965

### Diccionarios

*Diccionario Planeta de la Lengua Española*. Edición Colombiana. Editorial Planeta, 1982

*Diccionario de Bogotanismos*. Instituto Colombiano de Cultura Hispánica.

*Diccionario Folclórico Antioqueño*. Universidad de Antioquia. Medellín, 1993

DAVISON, Harry C. *Diccionario Folclórico de Colombia*. Bogotá, Banco de la República, 1970

### Otras fuentes consultadas

Museo de Artes y Tradiciones Populares, Bogotá.

Museo de Trajes Regionales de Colombia.

Patronato Colombiano de Artes y Ciencias, Bogotá.

Museo del Siglo XIX. Fondo Cultural Cafetero, Bogotá.

Archivos personales de la autora: fotografías, documentos y film - ciones.

**La Autora**

# Cielo Patricia Escobar

Estudiosa del folclor colombiano. Ha dedicado su vida a la pedagogía teniendo como base las Ciencias Sociales, especializándose en folclor, y siempre trabajando con las danzas colombianas. Ha emprendido investigaciones sobre el folclor nacional, trajes típicos, expresiones populares y orígenes, recopilando mitos, leyendas y experiencias de los diferentes pueblos que visita.

Sus obras *Danzas folclóricas colombianas, Danzas lúdicas para preescolar, A ritmo de nuestro folclor y ¡A bailar Colombia!*, todas dirigidas a personas interesadas en rescatar y difundir nuestro folclor, apropiándose de nuestro raigambre cultural.

Presenta en varias de sus obras información sobre el origen de la danza, el traje típico, la respectiva coreografía, tratando siempre de mostrar que la danza es una forma de expresión y comunicación de los pueblos.

www.ingramcontent.com/pod-product-compliance
Lightning Source LLC
Chambersburg PA
CBHW081252130726
47998CB00010B/2774